初めて明かされるこの世の真実

日像
Nichijo

たま出版

はじめに

「われわれはどこから来たのか、われわれは何者か、われわれはどこへ行くのか」

これは、画家ゴーギャンの絵画のタイトルにもなった有名な問いかけです。読者の皆さまも、素朴に「人間はどこから、そして何のためにこの世に生まれてきたのか?」「人間は死んだらどうなるのか?」といった同じような疑問を抱かれたことがあるのではないでしょうか。

科学技術が進歩して人間の生活が豊かになった現代においてすら、いかなる科学者や哲学者、そして宗教家も、これらの疑問に対する満足な答えを見つけられていません。たとえ答えを見つけたと主張する人がいたとしても、それはとても難しい抽象的な答えにすぎませんでした。これらの疑問に対する答えが明確に分からないため、現代人の多くはこの世に生きる目的を見失っています。そして、悩みや苦しみ、将来への不安、病気や死に対する恐怖などを抱えながら生きているのです。

これらの疑問に対する答え（この世の真実）はとても奥が深いものです。本書では、頁数の都合で、その全容とはいきませんが、一部を誰にでも分かるような形でご紹介します。一部といっても、今まで誰に聞いても分からなかったことが初めて明確になるため、読者の皆さまは、読後に多かれ少なかれ衝撃を受けるものと思います。ここまで具体的にはっきりと分かるものなのか……と。

ここで、私が本書を執筆するに至った経緯をご説明しましょう。実を言うと、本書の内容は、宇宙や地球、そして人間、動物、植物など、あらゆる物質や生命を生み出した万物の創造主たる神様から教えられた事柄に基づいています。

神様というと、敬遠しがちな日本人が多いかもしれません。このようなお話をしている私自身も、以前はどちらかと言えばそのようなタイプの人間でした。私はほんの数年前まで小さな会社を経営していました。そして、その前は企業で働く、ごく普通のサラリーマンでした。特に子どもの頃は、神様とは全く無縁の生活を送っており、「神様がいるかどうかなんて分からない」「もしいたとしても、自分の心の中に存在するだけだ」と思っていました。

ところが二十歳のとき、神様の存在を知らされました。その後、この宇宙には死後の世界を含めた壮大なしくみ（宇宙のルール）があることを教えられ、しかも自分には神様から課せられた重大な使命（役割）があることも告げられたのです。その使命とは、かつての私のように神様の存在を忘れてしまった多くの現代人に対して、神様から初めて明かされたこの世の真実をお伝えすることでした。

私のこれまでの人生は波乱万丈でした。決して順風満帆なものではなく、多くの挫折や苦労を味わってきました。時には、人にだまされて借金を背負わされたこともあります。しかし、神様から重大な使命を教えられたとき、これまで歩んできた自分の人生の意味がよく理解でき、この世の中には何一つ無駄はないということが分かりました。私は、あらゆる立場や境遇の人々に対して神様から教えられた事柄をお伝えするにあたり、人の気持ちや心の痛みが分かる人間でなければならなかったのです。もし私が挫折や苦労を全く知らないエリートであったならば、苦しんでいる人々の気持ちや心の痛みを本当に心から理解することはできません。挫折や苦労を知らなかった頃の私が、たとえどんなに素晴らしい神様の教えを伝えたとしても、人々の心には決して響かないでしょう。

神様から重大な使命を教えられた後、私の人生は一変しました。それまで経営していた会社は部下に任せ、家族と共に千葉から岐阜に移り住みました。そして、使命を果たすための準備を始めました。

そして数年前、私はある特別なスピリチュアル・カウンセラーと出会いました。そのカウンセラーは神様と自由に対話（チャネリング）をすることができます。私は、今まで多くのカウンセラーと出会ってきましたが、このカウンセラーのチャネリングは他の誰よりも正確です。しかも、神様に質問をすると、明確な答えが即座に返ってくるのです。

これまで私が神様から教えられた事柄は多岐にわたります。人類発祥から現代にいたるまでの本当の歴史、宇宙の本当の姿や死後の世界、そして今後の地球・人類の行く末など——私は、これらの事柄をできる限り多くの人々に分かりやすく伝え、今後の生き方の道しるべとしていただきたいと願っています。

現在、私は全国各地で講演をさせていただき、神様から教えられた事柄をお伝えする活動を続けています。しかし限られた講演時間では伝えきれない内容もありますので、講演内容をより詳しくご紹介した本書を執筆させていただきました。難しい内容ではありませんので、子どもから大人まで多くの方にお読みいただきたいと思っています。

神様の存在と神様から初めて明かされたこの世の真実――私は、神様によってこれらの正しさを裏付けるかのような不思議な出来事や奇跡を今まで何度も体験させられてきました。これらの体験の一つ一つをご説明することはできませんが、皆さまが想像できないような不思議な出来事や奇跡の数々を目の当たりにしてきたのです。

神様から教えられる事柄は、時として世間一般の常識とはかけ離れている場合もあります。また、人間の感覚からすると、場合によっては矛盾を感じることもあります。そのため、本書をお読みになったあと、本書の内容について「これは本当かな?」と疑念を抱かれる読者もいらっしゃることでしょう。実際、私自身ですら、神様が言われることに対して、最初は「本当かな?」と思ったこともあったくらいですから。

しかし、あとになって神様の言うとおりであったことが必ず分かります。これは、私のこれまでのさまざまな体験から自信を持って言えることなのです。神様から教えられる事柄には、ある意味、時代を先取りする予言的な内容も含まれるため、現在は非常識と思えることであっても、それが後々に常識となることもあるのです。そのため、読者の皆さまには、特別な先入観を持たずにぜひ真っ白な気持ちで本書をお読みいただけますようお願い致します。

本書を通じて、神様の実在やこの宇宙に存在する壮大なしくみを理解していただければ、これまでとは全く異なる人生が切り開かれていくものと確信しています。本書があなたにとって素晴らしい人生のプロローグとなりますよう、心から願っております。

目次

第3章 人間の生まれ変わりのしくみ 47

第4章　地球・人類の未来　127

第1章

本当の歴史～人類発祥から現代文明まで～

1-1　人類発祥の真実

「人類は、この地球上で、いつ、どこで、どのようにして発祥したのでしょうか?」

人類はサルから進化した、あるいは神様により創造されたアダムとイヴから増えていったなど、いろいろな想像をすることができます。

さまざまな化石の研究に基づいた最新の学説によりますと、人類は約七百万年前、アフリカ大陸で発祥したと考えられています。人類と類人猿（チンパンジーやゴリラ、オランウータンなど）とは、共通の祖先を持っていましたが、約七百万年前のアフリカ大陸において、人類のみが遺伝子の突然変異を起こし、直立二足歩行（背筋を伸ばした二本足歩き）や、犬歯（牙）の縮小といった人間としての特徴を獲得していったとされています。このような進化論的な考え方は、科学的な仮説として、現代の多くの人々に受け入れられています。

肉体的な特徴のみから判断すると、確かに、地球上で人間に最も近い動物はチンパンジーです。そのため人間とチンパンジーが共通の祖先を持ち、進化の過程で分かれていったと考えたくもなります。

しかし、人間や動物は、目に見える肉体と目には見えない魂（心）とで成り立っています。そして、人間と動物の魂は根本的に違うのです。そのため、本来、人間は人間、チンパンジーはチンパンジーであり、たとえこの先何百万年観察したところで、チンパンジーが人間のように賢くなり、高度な文明を築くことはありません。このように、進化論的な人類発祥の考え方は誤りなのです。

では、冒頭の問いに対する本当の答えは、何なのでしょうか？

その答えは神様から以下のようにお聞きしています。

「人類は、約五百万年前、現在の日本の山梨県甲府市あたりに、現在のような形の肉体で発祥した」

「現在のような形の肉体」とは、今の私たちと全く同じような体を意味します。つまり、チンパンジーのような毛むくじゃらでもなければ、四本足から二本足に進化したばかりのような、少し猫背の体型でもありません。また、最初の人類は、神様により霊界[※1]と呼ばれる場所からこの地球上に、誰かの赤ちゃんとして生まれたのではなく、成人の肉体を持った人間としていきなり降ろされたのです。

※1）霊界については、次章以降で詳しくご説明します。

1-2　人類発祥から大文明へ

人類の発祥当時、地球全体の地形は現在とは全く違うものでした。驚くべきこと

●人類発祥当時の大陸（概略）

に、日本は、かつて太平洋上に存在し現代に匹敵するような大文明を駆使して栄華を築いたものの、海中に沈んだとされる伝説の大陸、ムー大陸の一部だったのです。つまり、現在の日本はムー大陸の沈み残りなのです。また、大西洋上にはアトランティス大陸も存在しました。

約五百万年前、ムー大陸の一部、現在の山梨県甲府の地に降ろされた世界最初の人類は、現代の日本人同様に、黄人（きびと）（黄色人種）でした。黄人の人類発祥から約十万年後、神様は、赤人、青人、白人、黒人の順番で別の人種を

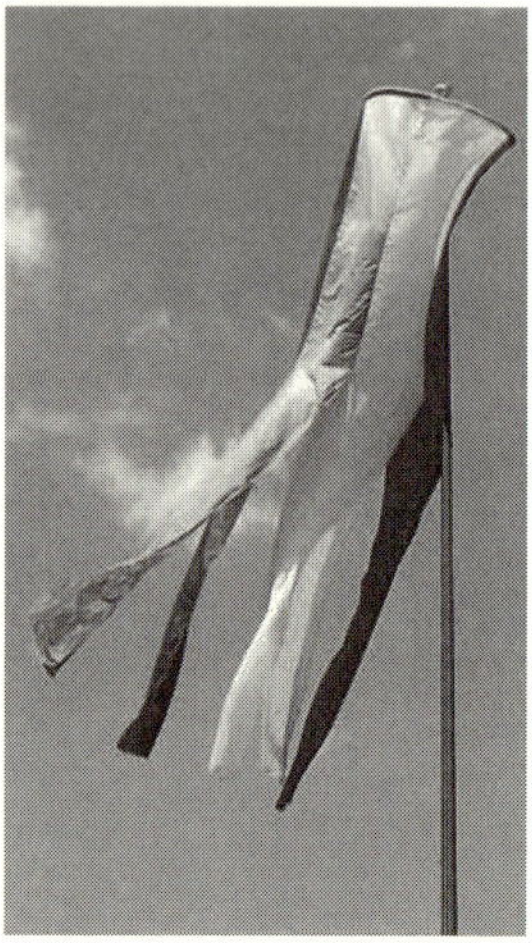

●五色の吹き流し

創りました。よく神社で見られる五色の吹き流しやのぼりは、実は、これらの五色人（全人類）を表しているのです。なお、発祥当時の人類はまだまだ未熟であったため、神様が人間を直接指導されました。そして、長い長い年月を経て、人類は大文明を築いていきます。それが、人類最初の文明、ムー文明です。

1-3 ムー文明から現代文明へ

ムー文明は、今から数万年前に栄華を極めます。現代と同じように科学技術が発達していました。驚くべきことに、原子力を利用していましたし、ロケットを製造して宇宙に飛び立つことすらできたのです。また、宮殿や神殿など、多くの大石造建築物をつくりあげました。

ムー大陸の中でも、ムー文明は人類発祥の地である現在の山梨県甲府市あたりを中心に栄えました。その後、人類はムー大陸南方をはじめ、世界各地に移民をしていきました。日本を中心に、黄人は中国、台湾、東南アジア方面に、赤人は中近東方面に、青人はロシアやヨーロッパ北西方面に、白人はヨーロッパ方面に、黒人はアフリカ方面といった具合です。このように、人類発祥も文明の発祥も、すべては日本（ムー帝国）が中心でした。そうした意味で、日本は最も古く尊い国といえるのです。

ところが、ムー文明の栄華は永遠には続きませんでした。約一万二千年前にムー大陸は太平洋上のもくずと消え、ムー文明は滅亡したのです。[※2] ムー大陸沈没の直接的な理由は、大陸地下のガスチェンバー（ガスの溜まっている空洞）が爆発したからです。この大爆発により、ムー帝国のほとんどの人が亡くなりました。そして、その際、現在の日本列島の部分は沈没をまぬがれました。その時に出来た大きなひび割れが、現在の日本海溝です。このため、日本にはムー時代の名残(なごり)が数多く見られます。例えば現在の日本語の約四八パーセントは、ムー時代の言葉なのです。また日本の民族衣装である和服（着物）は、もともとムー時代の服装でした。また、この地上で最初に咲いた花は「ハス」の花で、これはムー帝国の国花とされていました。日本には、ムー時代のピラミッドや服飾品がたくさんあったのですが、長い年月と人間活動により失われていきました。

●ハスの花

現在のハワイ諸島やマリアナ諸島、イースター島などの太平洋上の島々は、ムー大陸にそびえたつ山々の頂上にあたり、沈没をまぬがれた場所でした。そのため、これらの島々は、巨大な石を使った遺跡や石像などの文化的共通点を有しています。

また、かつて大洪水があったという伝説も残されています。逆に、南米のアマゾン地方は、ムー大陸沈没までは海でしたが、沈没の際に隆起して陸地（湿地帯）となりました。

ムー大陸沈没の後、日本や太平洋上の島々において生き残った人々は、高度な科学技術を維持することができず、いったん原始生活に戻りました。その後、今度は、かつてムー大陸から世界各地に移民していった人々によって再び一から文明が築かれていきました。そして、現代文明へとつながっていくのです。つまり、現代文明は二回目の高度な科学文明だったのです。

このように滅んだムー文明ですが、実は、この滅亡にはより深い理由があるのです。それは、この時代の人々が、自分たちを創り指導してくれた神様の存在を忘れ、物やお金、豊かさばかりを追い求め、自分たちの力を過信し、自然を破壊して自己中心的な生き方をするようになったからです。これは、人間の魂、つまり心が悪くなったということを意味します。このような状況に嘆かれた神様が、ムー大陸を沈没させることにより、ムー文明を滅ぼされました。その結果、神様によって選ばれたごく一部の心のきれいな人たちを除いて、当時のほとんどの人々が亡くなったのです。

神様により解き明かされた本当の歴史……信じられないかもしれませんが、これが真実なのです。

※2）大西洋上に位置したアトランティス大陸は、ムー大陸沈没から約五千年後に海に沈みました。

1-4　世界に点在するムー時代の痕跡

（1）モアイ像の真実

イースター島のモアイ像をご存じでしょうか？

●イースター島のモアイ像

モアイ像とは、石で出来た人面巨像のことで、小さいものは三メートルから、大きいものになると二十二メートルまで、島内に約千体が存在しています。モアイ像については謎が多いのですが、建造された理由について、神様が以下のように教えてくださいました。

神様は、ムー大陸沈没の約十年前に、かつて太平洋上に大文明があったことを後世に伝えるため、ロンゴという名のムー帝国の天皇に人面巨像を造るよう命じました。そして、ロンゴは、石工のモアイという人物に人面巨像を造らせました（モアイとは実は作者の名前です）。

考古学的に、モアイ像の建造方法については諸説ありますが、一般的に受け入れやすい説は、島内の山から石（凝灰石）を切り出して人面の形に彫った後、木製のソリに横倒しに載せて大勢の人が縄で引っ張って運び、目的地に到着後、てこの原理で立たせるといった方法です。しかし、事実は違います。

当時は、科学技術が発達していた時代でしたので、当然、現代のようなトラックやクレーン車が存在しました。これらを用いて、モアイ像は建造されたのです。なお、当時も、現代と同じように鉄製の斧は存在しましたが、鉄製の斧では堅いタッチが残るため、石工モアイは石斧で人面巨像を造ったのです。

約千体のモアイ像のほとんどは、山に向かって並び立てられています。これは、山におられる神様を崇拝する姿を表したものでした。しかし、七体だけは、海に向かって立てられていました。この七体は、やがて沈むであろう祖国ムーの街に向か

●ナスカの地上絵（コンドル）

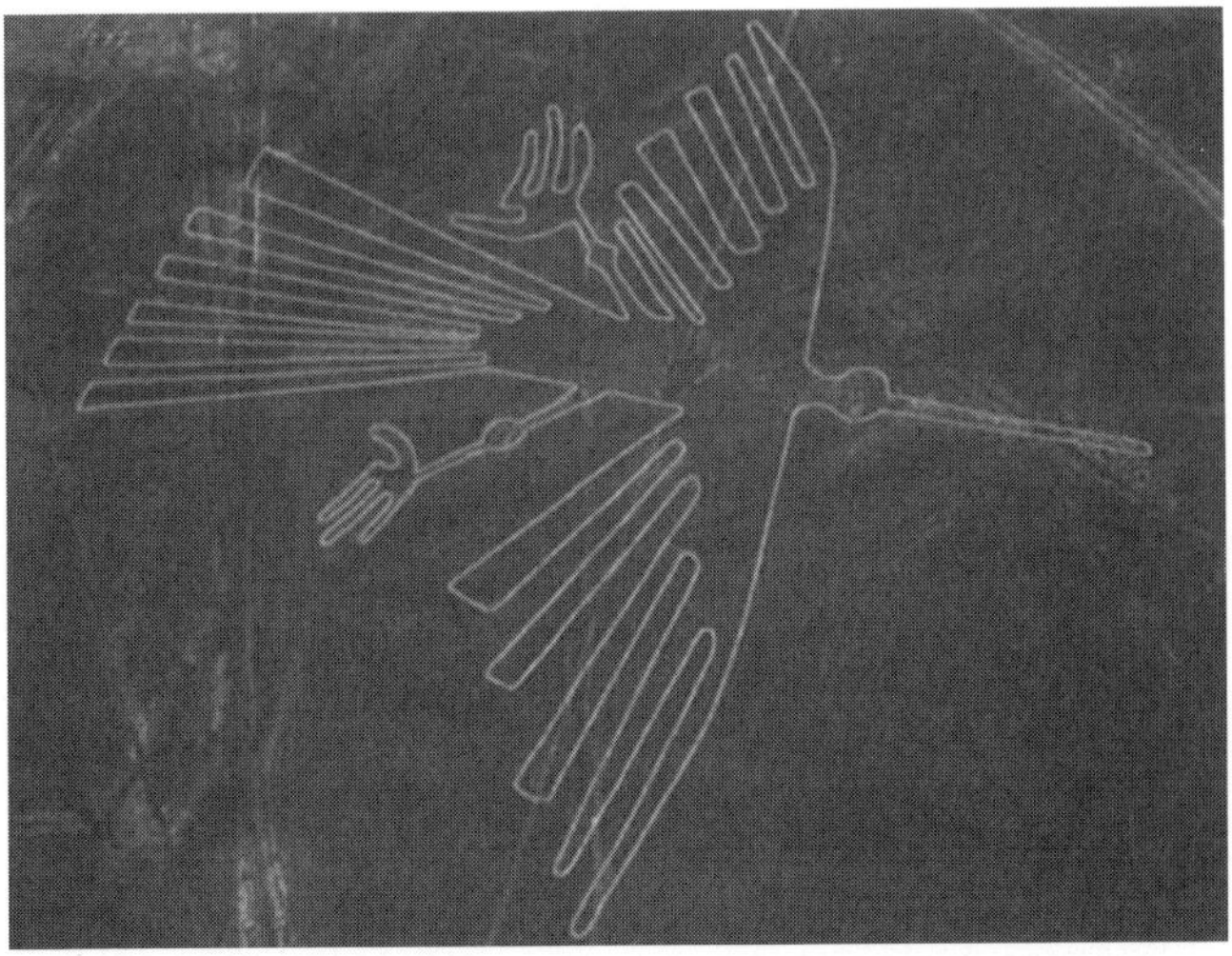

って立てられたものでしたが、ムーの街が海底に沈んだため、海を眺める姿のモアイ像となってしまったのです。

（2）ナスカの地上絵の真実

ナスカの地上絵は、ペルーのナスカ川とインヘニオ川に囲まれた乾燥した盆地上の高原の地表に描かれている幾何学図形や動植物の絵のことです。この地上絵は人類史上最大のミステリーと呼ばれ、小さいもので十メートル、最大のものは、なんと全長五十キロメートルに及びます！

●最大の地上絵の衛星写真
（この図には、見やすくなるように白線がつけてある）

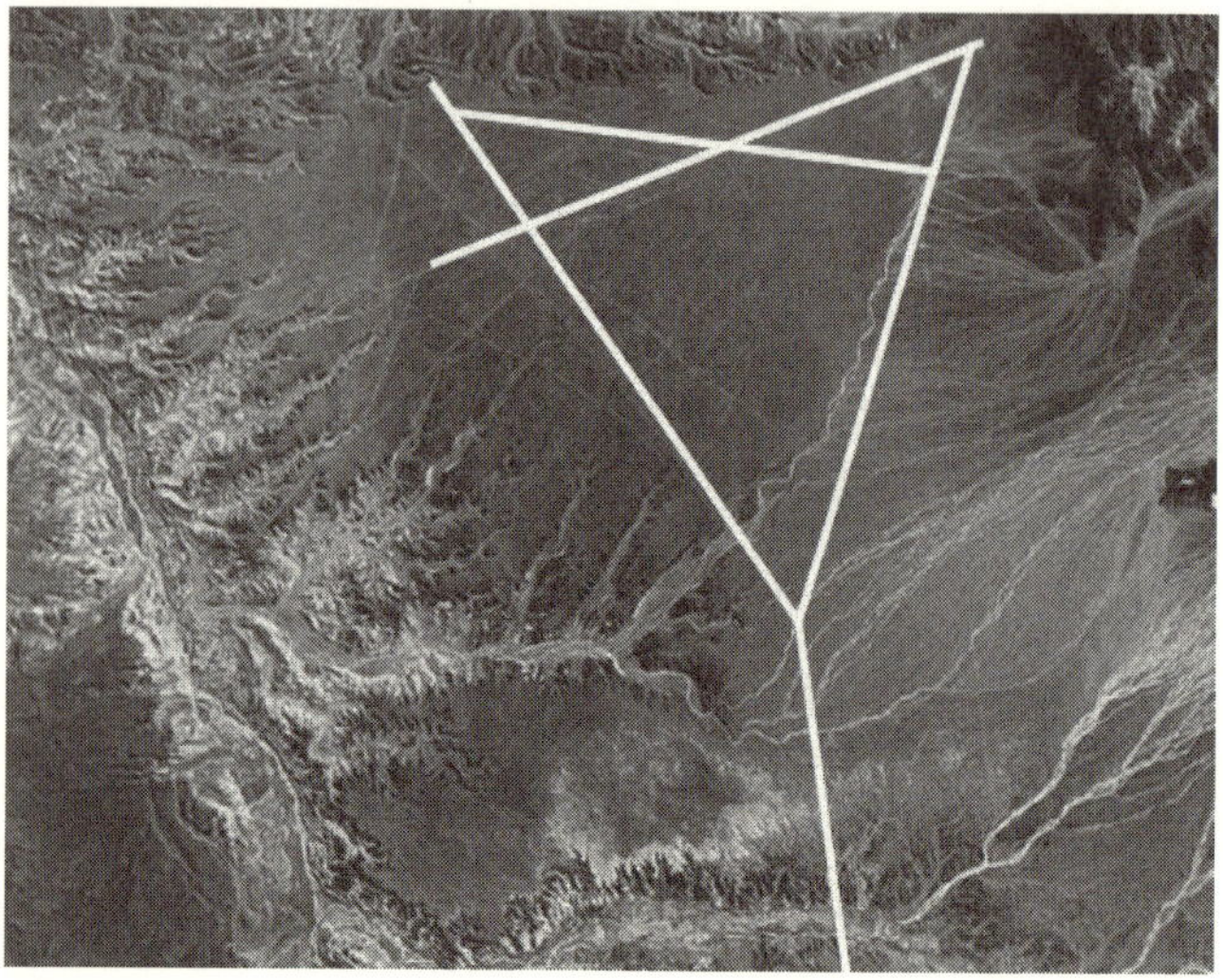

地上絵は、最初、一九三〇年代後半に発見されました。当時はすでに飛行機が発明されていましたので、飛行機を使って初めて地上絵を確認することができたのです。

また、全長五十キロメートルにわたる最大の地上絵（矢印型の図形）は、近年、ＮＡＳＡ（米国航空宇宙局）の資源探査衛星ランドサットによって初めて発見されました。この図形は、成層圏はおろか、上空九百キロ

●与那国海底遺跡（メインテラス）
Wonder沖縄HP（沖縄県）より引用
http://www.wonder-okinawa.jp/024/japanese/index.html

メートルからでないと形を識別できない規模のもので、この図形を描いた土木や測量の技術は、間違いなく現代の最先端技術と同等かそれ以上のものであると思われます。

ナスカの地上絵は、何の目的でどのようにして描かれたのでしょうか？

実はナスカの地上絵も、神様はムー時代の作であると言われました。かつて大文明があったことを後世に伝えるために描かれたものなのです。そして、驚くべきことに、これらの地上絵は、宇宙船（UFO）によって空から描かれたものなのです。

（3）沖縄各地の海底遺跡

沖縄県の与那国島南部の海底には、さまざまな海底遺跡が眠っています。テラスや石舞台など、明らかに人の手によって生み出されたとしか考えられない石造物は、繁栄したムー帝国が海底深く沈んでしまったことを伝えているとともに、日本がムー大陸の一部であったことを物語っています。

1-5　ムー文明から学ぶこと

読者の皆さまの中には気づかれた方もいらっしゃるかもしれませんが、ムー文明末期の人間の状態は、現代の人間の状態と酷似しています。

現代の人間も、経済至上主義のもとに大量生産、大量消費を推し進め、物やお金、豊かさばかりを追い求めています。そして、もうかれば何をしてもよいと言わんばかりに、多くの森林を伐採したり、工場から廃液をたれ流して川や海を汚染したり、化石燃料を掘りつくし燃やして二酸化炭素を大量に排出したりするなど、自己中心的に地球環境を破壊しています。その結果が地球温暖化です。近年、地球温暖化の影響と思われる自然災害が続発しています。熱波や寒波、台風の大型化、ゲリラ豪雨、大洪水、干ばつ、竜巻の発生など枚挙にいとまがありません。また、地球温暖化による大規模な気候変動が原因で、さまざまな感染症の発生地域が拡大されています。

これらの現象は、元をたどれば、やはり人間の心が悪くなったからです。自己中心的な人間が増えて地球環境を破壊し過ぎたために、それが今、自分たちに跳ね返ってきているのです。つまり、現在起こっているすべての現象は、人間の心のあり方から生じているのです。

また、第4章で詳しくご説明するように、あまりにも悪くなった人間の心を戒めるために、神様があえて自然災害（巨大地震や巨大噴火など）を起こしたり、感染症を発生させたりしているという意味もあります。感染症の例として、二〇〇九年春にメキシコに端を発し世界中で大流行した新型インフルエンザ（H1N1型）や二〇一〇年春から夏にかけて宮崎県の家畜に大きな被害を及ぼした口蹄疫を思い起こされる方も多いことでしょう。このように、現代の私たちは、ムー文明滅亡と同じような状態にあることを認識しなければなりません。そして、このままいけば必ず現代文明も滅亡し、多くの人々が亡くなるでしょう。

では、なぜ人間の心は悪くなってしまったのでしょうか？

それは、現代の人々が自分たちを創ってくれた神様の存在を忘れ、目に見えるこの世だけがすべてであると勘違いをしてしまったからです。

目に見えるこの世だけがすべてであるのならば、死後の世界などは存在せず、人間は死んだら終わりです。死んだ後は、自分という存在はすべてなくなる、人生は一度しかないと思うと、人間誰しも、面白おかしく、楽しく、ぜいたくをして暮らしたいと思うものです。だから、他人はどうなっても自分さえよければいい、今さえよければいいと自己中心的になり、物やお金、豊かさばかりを追い求める人々が増えたのです。

しかし、人間は死んだら終わりではありません。神様により支配された壮大なしくみの中で、人間は死後も生きていたときと同様の感覚を持って過ごすのです。

それでは、次章以降において、死後の世界も含めた宇宙全体の本当のしくみについてご説明したいと思います。

第2章　宇宙と人間の本当のしくみ

2-1　なぜ、死後の世界についてお話をするのか

前章の最後にご説明したように、現代の地球環境は悪化の一途をたどっています。まさに地球は今、悲鳴をあげているといっても過言ではないでしょう。そして、このまま私たち人間が自分たちの行いを悔い改めないでいれば、今後人類は、大規模な自然災害やさまざまな感染症の続発を経験し、一度に多くの人々が亡くなっていきます。そして、この地球文明はいったん幕を閉じることになります。

しかし、多くの人々が、死後の世界も含めた宇宙全体の本当のしくみを知り、心を変えていけば、必ず世の中が良い方向にむかっていくものと思います。そうすれば、文明滅亡を食い止めることは無理であるとしても、きっと神様はこの文明最後の日を遅らせることはしてくださるでしょう。そして、最後の日が遅くなればなるほど、より多くの人々が文明滅亡のときを乗り越えて生き残ることになります。

文明最後の日を迎えるまでに、できる限り多くの方にこのしくみを伝えたい、そして多くの方に生き残ってほしい――私が全国各地で行っている講演会活動で死後の世界についてお話をしていること、そして本書を執筆したことの動機は、まさにここにあるのです。

私は講演会の参加者から「なぜ、死後の世界のことが見てきたように分かるのですか?」といった質問をよくいただきます。また本書では、この章と次章において講演会でお話をしている以上に詳しく死後の世界についてご説明しますので、本書をお読みの皆さまも、読み終えた後に同じような疑問を抱かれるかもしれません。

これまで、いかなる宗教においても、死後の世界のしくみをここまで具体的には説いてこなかったため、そのような疑問を抱くことも無理はないのかもしれません。しかし、私が講演会や本書においてご説明する内容はすべて、私が自分勝手に想像したものではなく、この宇宙や地球、そして生命を創造した神様から教えていただいたことなのです。だからこそ、私は死後の世界のしくみをここまで具体的にご説明をすることができるのです。それでは、この章の残りの節では、この世界（宇宙）の本当の姿と人体の本当の構造、そして人間の生まれ変わりの概要についてご説明しましょう。

2-2 私たちが住んでいる世界（宇宙）の本当の姿

私たちが住んでいるこの世界（宇宙）は、目に見える空間だけではありません。実際には、目には見えない空間も存在し、それらも含めて全宇宙が構成されています。そして、全宇宙は一次元から七次元までの空間で成り立っています。

より詳しくご説明すると、宇宙には「現界（げんかい）」「幽界（ゆうかい）」「霊界（れいかい）」「神界（しんかい）」と呼ばれる場所が存在します。以下、順にご説明していきましょう。

●宇宙全体の姿

七次元空間	
六次元空間	神界（神様がいらっしゃる場所）
五次元空間	
四次元空間	霊界（人間のふるさと、いわゆる『天国』）
	幽界（人間が死後、生前の罪をミソグ場、いわゆる『地獄』）
三次元空間	現界［物質界］（地球、人間、動物、植物）
二次元空間	生物は存在しない空間（関係のない世界）
一次元空間	

まず、現界は、いわゆる「この世」のことで、物質界とも呼ばれます。現界は三次元空間として存在しています。この場所で、私たち人間や動物・植物が誕生して生活をし、そして死んでいくのです。

幽界と霊界は、いわゆる「あの世」のことです。これらは四次元空間として存在し、現界で暮らしている人間の目には見えません。まず、幽界は、いわゆる『地獄』、つまり人間が生前に犯した罪をミソグ[※3]場所です。現界に例えて言うと「刑務所」に相当します。次に、霊界は、人間が現界に誕生する以前に住んでいた場所です。また、生前に罪を犯さなかった人間が死後直接に戻る場所（いわゆる『天国』）でもあります。人間の魂は、もともと霊界で創られるため、霊界は「人間のふるさと」と呼ぶべき所でもあります。

残念ながら、多くの人間は生前に何らかの罪を犯しており、死後、幽界(地獄)に行かされますが、自分の罪をきちんと心から反省し、現界(この世)への執着を捨てれば、神様からお許しが出てふるさとである霊界(天国)に戻ることができます。

皆さまの中には「天国や地獄について聞いたことはあるが、まさか実在するものとは……」と思われる方がいらっしゃるかもしれません。しかし、天国や地獄は単なる「方便」ではなく、実在しているのです。「人間は死んだら終わり」つまり、すべてが無になると思っていた方が多いかもしれません。そのように考えて、今まで死に対して恐怖心を抱いていた方もいらっしゃるでしょう。

しかし、決して「人間は死んだら終わり」ではないのです。むしろ、あの世で過ごす時間の方がこの世で過ごす時間に比べてはるかに長いのです。しかも、現界での行いによって死後の行き先が決まります。人間が現界で犯した罪は、死後、神様によって公正に裁かれ、幽界で反省させられるのです。

「罪」と言っても、何も強盗や殺人などの凶悪犯罪に限っているわけではありません。現界に住んでいる人間にとってはこの程度なら大丈夫だろうと思われる行為（例えば、タバコのポイ捨てや信号無視など）であっても、神様は見逃してくれません。神様は、「そんな当たり前で簡単なことをなぜ守れないのか」「ささいな罪でも犯すような人間はダメな人間である」と、死後に相応の罰を与えられるのです。

さて、この世界（宇宙）を構成している最後の場所である神界は、五次元、六次元、七次元空間として存在し、やはり、現界の人間の目には見えません。神界は、その名のとおり神様が住んでいらっしゃる場所なのです。

なお、現界、幽界や霊界、神界は、完全に独立して存在するわけではありません。これらは、同一空間に一部重なり合い、互いに影響を及ぼし合っています。そのため、現界においてさまざまな超常現象（例えば、幽霊が見えたり、ラップ音が聞こえたりするなど）が発生するのです。これらを怪奇現象として忌み嫌う人もいますが、実は、幽界や霊界、あるいは神界で起きていることが、たまたま現界にも伝わっただけなのです。

※3）「罪をミソグ」とは、自分の罪を認め、心から反省することを意味します。

2-3 神様から教えられた人体の本当の構造

（肉体・幽体・霊体）

宇宙が目に見える現界と、目には見えない幽界と霊界、神界とが重なって存在しているように、人間の体も目に見える肉体と、目には見えない幽体と霊体の合計三

●人体図

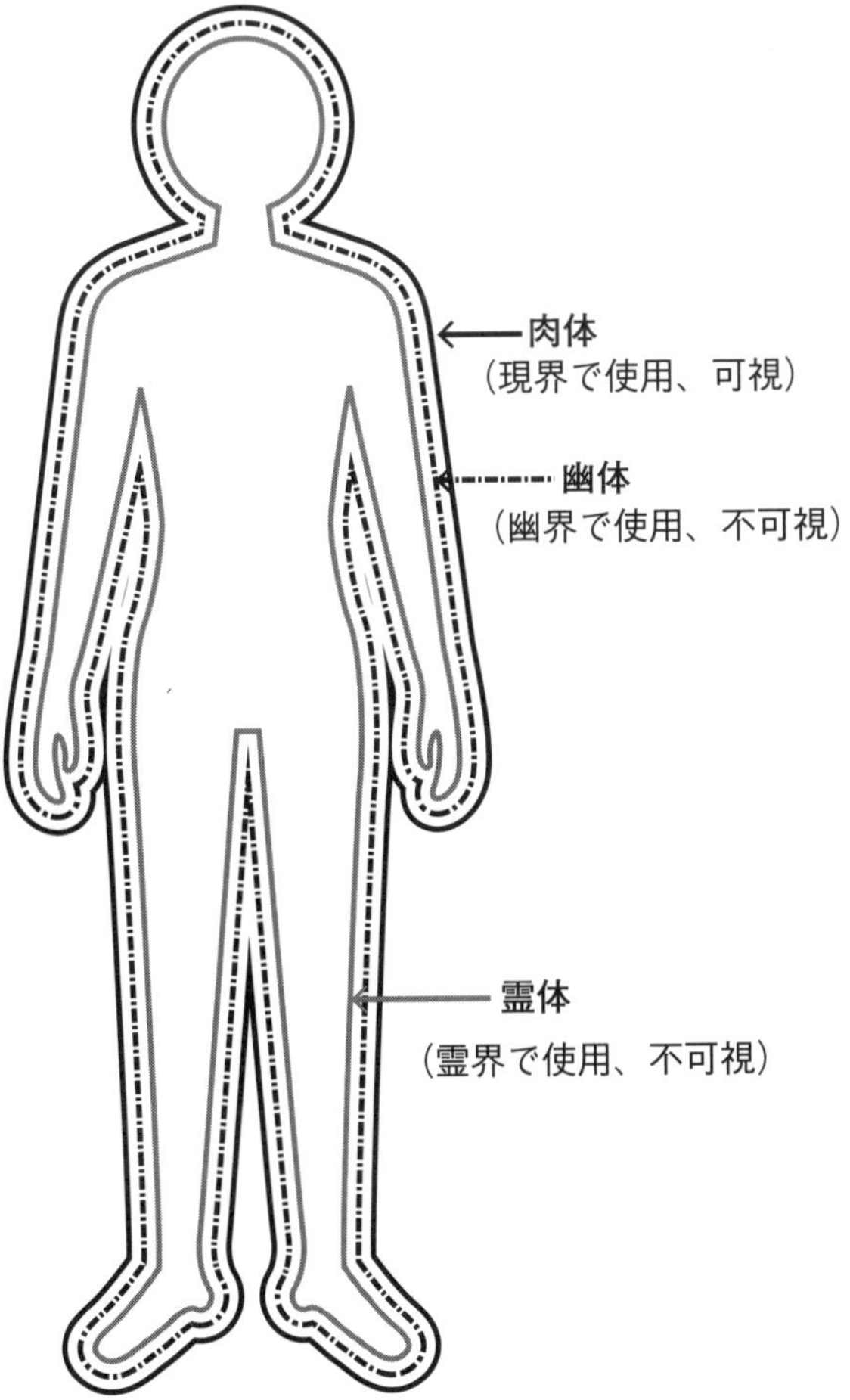
肉体
（現界で使用、可視）
幽体
（幽界で使用、不可視）
霊体
（霊界で使用、不可視）

つの体が重なり合って存在しています。

簡単に言うと、肉体は現界において、幽体は幽界において、霊体は霊界において使用する体です。

分かりやすく例えると、まず体の中心に霊体が存在し、霊体を包む着ぐるみとして幽体が、さらに幽体を包むように肉体という着ぐるみが存在するわけです。そう考えるとイメージしやすいでしょう。この例えを使って説明すると、人間は死んだ直後に肉体という着ぐるみを脱ぎ、その後は幽体で過ごします（幽体は、文字どおり幽霊の体）。そしてさらに、幽界でのミソギを終え、霊界に戻る直前には幽体という着ぐるみも脱ぎ、霊界では本来の姿である霊体で生活をするのです。

（人間の魂について）

人間は、物事を記憶したり、思考したり、創造したりすることができます。それらは、人間の魂（本霊）に備わっている能力です。人間の魂は、霊体の松果体に入

●松果体の位置

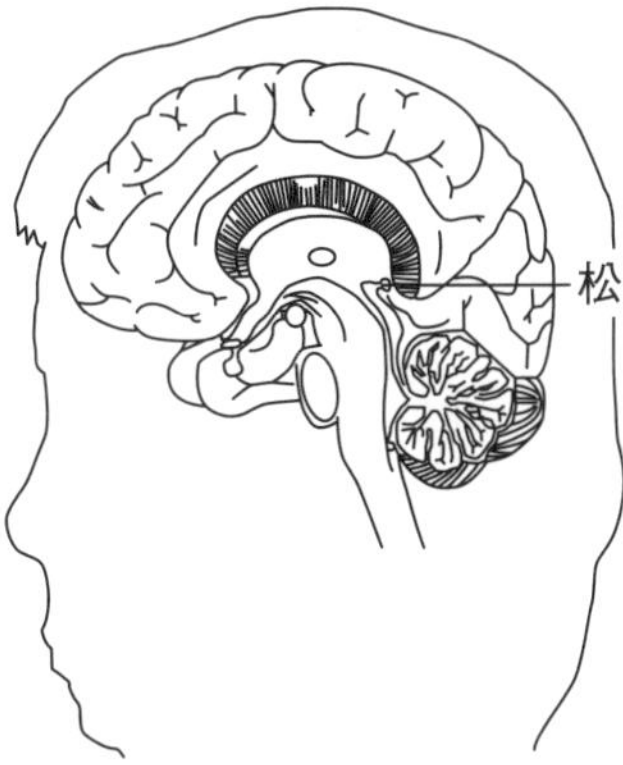

っていて、体全体（肉体・幽体・霊体）の機能を働かせています。松果体とは、成人では額の奥十センチメートル程度の場所に位置し、直径一センチメートル程度の松かさのような形の組織です。この場所が松果体と呼ばれるのはそのためです。医学的にはホルモンを分泌する器官であるとされています。

乗り物に例えていうならば、魂は操縦士、松果体は操縦席、肉体は現界で使用する乗り物、幽体は幽界で使用する乗り物、霊体は霊界で使用する乗り物ということになります。

（肉体・幽体・霊体の容姿について）

肉体と幽体の容姿（顔のつくり、人種など）は、全く同じです。肉体が年をとると、幽体も同じように年をとります。また、肉体のケガや病気は、幽体にも全く同じように反映されることになっています。例えば、末期がんで激しい苦痛を伴ったまま死亡した場合、幽体も末期がんの状態で苦痛はその後も続きます。このように、死んだからといって苦痛から解放されるわけではないのです。さらに、その状態のまま幽界において自分の罪をミソガなければなりません。[※4] このため、人間には苦しみのない安らかな死を迎えることがとても大切なのです。

一方、霊体は、肉体や幽体がどのようなケガを負ったとしても、またどのような病気を患ったとしても、まったく関係がありません。霊体は、二十代の若さの状態が永遠に維持され、老化しません。そして、肉体がどのような人種であっても、黄色人種の形態をしています。前章でご説明したように、神様は、はるか昔のムー大陸の時代に五色人種の人間を創りました。神様は、現界では、肌の色の異なる人間

●肉体・幽体・霊体の容姿
（目には見えないが、実際にはこれらの三体が重なり合って存在している）

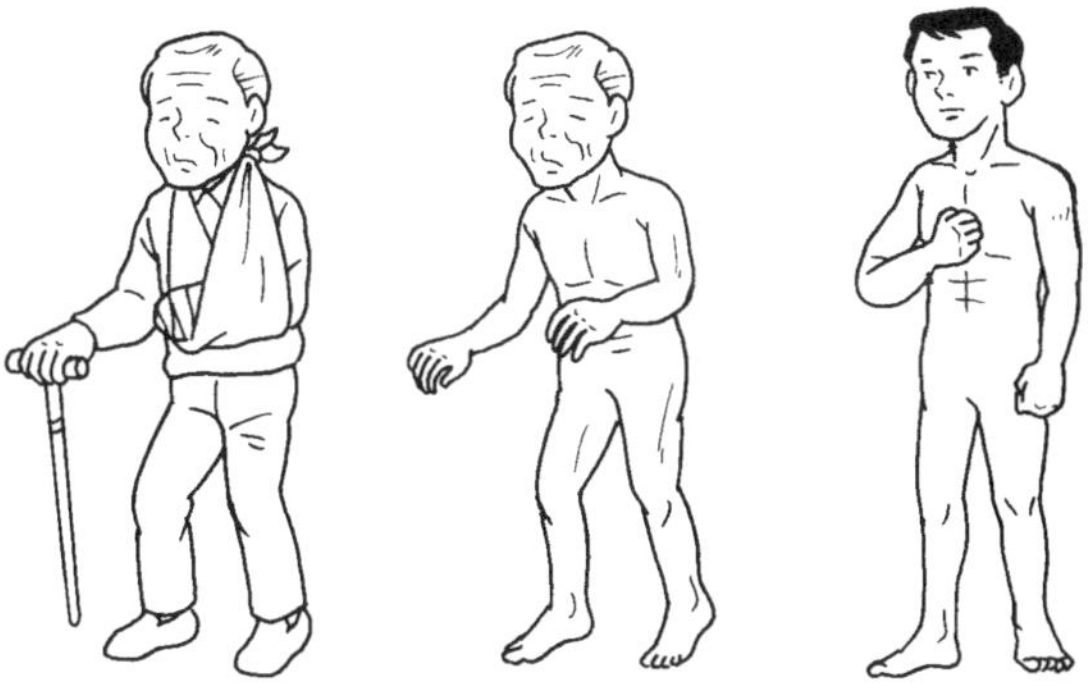

肉体

幽体
（肉体と同じ容姿、病気・ケガ）

霊体
（無病、無傷、二十代の若さ）

がお互いに和をもって仲良くしなさいという修行を課されたのです。
しかし、霊界はそのような修行の場所ではないため、全人類の霊体が黄色人種の形態をしています。

※4）ただし、幽界で自分の罪を反省して悟ることにより、死後に引き続く苦痛は少しずつやわらいでいきます。

2-4　人間の生まれ変わり

人間は生まれ変わります。死後、幽界でのミソギを終え霊界に戻った後、再び人間として現界に生まれてくるのです。これを「再生（さいせい）」と呼んでいます。

それでは、人間はどの程度の期間を経て再生するのでしょうか?

これは人によって異なります。通常は現界での死から一千年前後に再生しますが、短ければ三百～四百年程度で再生する場合もあります。また、霊界での生活が長くなり、次回の再生までに一万年ぐらいの期間を要する人もいます。

なお、人間の肉体・幽体は、現界への再生ごとに全く異なる容姿をしています。日本人として再生した場合は黄色人種の肉体・幽体となりますし、アフリカ人として再生した場合は黒人の肉体・幽体となります。この意味で、肉体・幽体は再生ごとに変わる仮の体であるとお考えください。一方、霊体は、何回再生を繰り返したとしても永遠に変わらない、あなたの本当の体なのです。

人間は、現界に人間として生まれてくることが基本です。しかし、まれに例外として現界に動物として生まれてくることがあります。つまり、魂は人間、肉体は動物の姿で現界に生まれさせられるのです（この場合、幽体も動物ですが、霊体は人間です）。これを「転生（てんせい）」といいます。※5

転生の動物の例としては、盲導犬が挙げられます。魂が人間のため、盲導犬は賢くて人間の言うことがよく分かるものです。また、いくら捨てても家に帰って来るペット（犬、猫など）は、たいていその家のご先祖様が転生した動物です。

以上のように、人間は、三次元空間である現界と四次元空間である霊界や幽界とを何度も行き来しながら、再生・転生を繰り返します（ただし、転生は個人的なものですので、人によっては経験しない場合もあります）。再生・転生のことを、一般的には、輪廻転生（りんねてんせい・りんねてんしょう）といいます。

それでは、人間はなぜ再生・転生を繰り返す必要があるのでしょうか？

それは、再生・転生をして現界に生まれ出てさまざまな人生修行をすることにより、魂（心）を磨くためなのです。

前述したように、人間の魂は、最初、霊界において創られます。そしてその後、再生・転生を繰り返して魂が磨かれて向上していくのです。本書をお読みのあなたも、まさにこの過程の途中にいるのです。

※5）転生は、基本的に、前回の人生（前生）の罪を償うために経験させられることです。

第3章

人間の生まれ変わりのしくみ

前章の終わりに簡単にご説明した人間の生まれ変わり（再生・転生）について、この章では、より詳しくかつ具体的にご説明します。

3－1　霊界について

私たちは、現界での人生修行と幽界でのミソギが一通り終わるたびに、現界で過ごす期間よりもはるかに長い期間を、霊界（魂のふるさと）で過ごします。

それでは、長い期間を過ごすことになる霊界とはいったいどのような場所で、そこで人々はどのような生活しているのでしょうか？　この節では、霊界について初めて詳しくご紹介します。

（霊界の様子）

霊界は、現界よりもはるかによい場所です。霊界の気候はとても過ごしやすく、明るく温暖（寒暑なく、五月くらい）です。現界と同じく自然（山、川、植物など）

もあります。しかも、現界のように公害で汚染されていないため、空気は澄み、水は清く、とても美しい自然が広がっています。動物もいますが、自然の中で生活をしているだけで、現界のようにペットとして飼われてはいません。太陽や月は現界と共通のため、現界と同じような昼夜があります。また、一軒の家に家族（最大五人）で暮らし、一日二食（昼食、夕食）の食事をとります。現界との大きな違いは、生活の中で時々神様に出会うことです。神様は目に見えて霊界人に直接指導してくださいます。このため、霊界は神人合一（しんじんごういつ）の世界であるといえます。

霊界の文明は、現界の物質文明よりも発達しています。霊界でも自動車が走っていますが、環境にクリーンな電気自動車のようなものです。また、テレビもありますし（ただし、コマーシャルはありません）、ヘリコプターや飛行機などの乗り物もあるのです。乗り物と言えば、ときどきマスコミで「ＵＦＯ（未確認飛行物体）が出た！」と騒がれることがあります。円盤型ＵＦＯ、飛行機型ＵＦＯなど、さまざまな種類がありますが、実を言うと、ＵＦＯは四次元空間を自由自在に動くことができる霊界人の乗り物なのです。そして、四次元空間である霊界と三次元空間である現界とは互いに重なり合い、影響を及ぼし合っているため、現界でもまれに目撃されることがあるのです。

(オーラについて)

オーラという言葉を聞いたことがあるでしょうか?

オーラとは、霊体から出ている炎のようなもののことです。現界の人間の目には見えないものですが、霊界に戻ると見ることができます。そして、オーラの厚さと色が、その人の「霊相(魂のレベル)」を表しています。オーラが厚く、美しくなればなるほど、その人の霊相が高いということになります。

一般的に、霊相は、現界での人生修行の回数に比例しています。つまり、現界での人生修行の回数が多ければ多いほど、魂が磨かれているため、霊相が高いということになります。

●オーラ

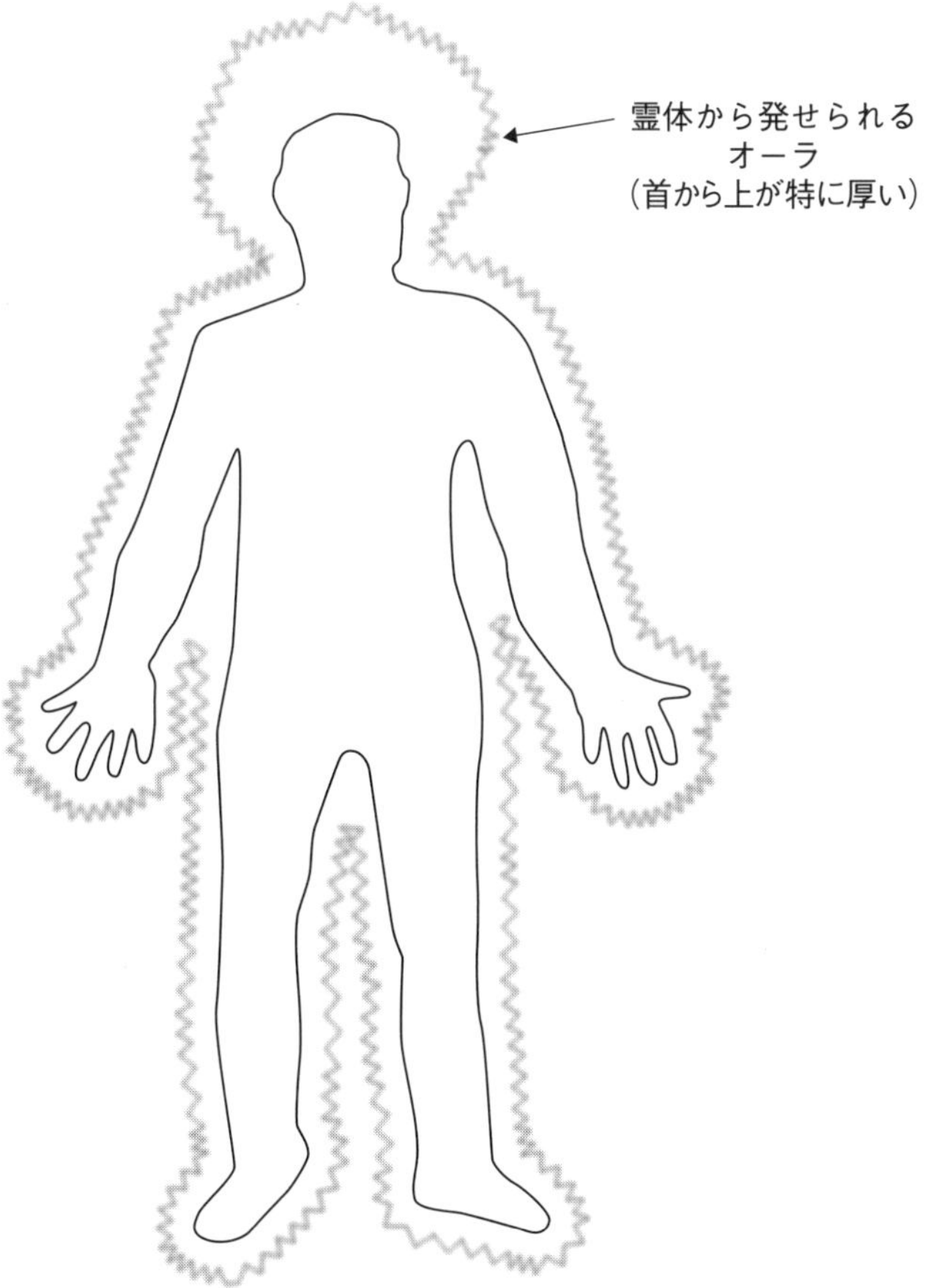
霊体から発せられる
オーラ
（首から上が特に厚い）

●オーラの色と厚さ

霊相	最低 ――――――――――→ 最高
オーラの色	黒色（にごった色）・濃灰色・灰色・緑っぽい色・青色・紫色

人生修行の回数	10	20	25	30
オーラの厚さ（cm）	約5	約15	約50	約100

なお、現界では、普通、目上目下を年齢（肉体の見た目、老化具合）によって判断していますす。しかし、霊界の成人は老化をせず、二十代の体を保っていますので、目上目下を霊体自体の見た目から判断することはありません。霊体自体ではなく、霊体から出ているオーラの色と厚さ（霊相）から判断しているのです。

（霊界は神政共産政治）

霊界では、基本的に自分と同程度の霊相の人たちと一緒に生活をしたり、仕事（男性は主に家庭外、女性は家庭内の仕事）をしたりしています。このように、霊界はオーラで見分けのつく霊相差により明確に階級分けされた社会なのです。

そして、霊界では、神様が政治家となり共産主義政治を執り行い、すべての面で霊界人を指導しています（神政共産政治）。神様は霊界人に対して本当に平等です。もちろん、現界の政治家のような汚職や腐敗もありません。また、共産主義のため、給与の額は平等ですので、現界でみられるようなさまざまな格差はありません。

さらに、霊体で生活しているため全員が黄色人種であり、現界でみられるような人種差別もありません。このような社会ですので、犯罪に手を染める人もなく、霊界には警察署も刑務所もありません。また、霊体は無病・無傷ですので、当然、病院もないのです。このように、霊界では皆が本当に安心して幸せに楽しく暮らしています。まさに、天国なのです。

３-２　再生・転生の大まかな流れ

この節では、人間の魂と霊体が霊界で創られ、その後、現界への再生・転生を繰り返して魂が向上していく過程の大まかな流れをご説明します。そして次節以降において、その一つ一つの過程についてより詳しく述べることにします。

（霊界での誕生）

霊界でも、（神様の許可の下）男性と女性は結婚をします。結婚をすると、別の家を一軒持つことになります。そして、女性が妊娠します（霊界に不妊はありません）。現界の場合と同じように、霊界の子ども（胎児）も最初はお母さんのお腹の中で育ちます。子どもの魂は神様によって新たに創られ、妊娠五カ月ごろの胎児の松果体に入れられます。そして、妊娠十カ月のころ、お母さんのお腹から赤ん坊として誕生します。その後、その子どもの霊体はすくすくと成長し、霊界の義務教育（十年）※6を経て成人（二十歳）します。それ以降は、霊体が成長（老化）することはありません。

本書をお読みのあなたも、記憶にはなくとも、はるかはるか昔に本当のふるさとである霊界で誕生し、霊界の両親に育てられたのです。霊界の両親は、基本的に現界であなたを育ててくれた両親とは異なります。現界の両親は仮の親であり、本当の両親は霊界にいて、そこからあなたをいつも見守ってくれているのです。

※６）霊界の義務教育十年とは、現界でいえば小学校と中学校に相当するものです。霊界では、現界における高校や大学に相当する学校はありません。

（現界への誕生）

人間の魂は、霊界で生活をしていただけでは向上しません。人間の魂は、あくまで現界での人生修行によってのみ磨かれて向上していくのです。そのため、霊界で誕生し霊界の両親に育てられ成人した魂と霊体は、霊界の両親に見送られ、初めての現界への旅に出発します。

（現界での生活）

人間は、現界のさまざまな環境の下に生まれさせられます。貧しい家庭に生まれさせられる人もいれば、裕福な家庭に生まれさせられる人もいます。また、さまざまな人種にも生まれさせられます。そして、それぞれが与えられた環境の中で人生修行に励みます。

また、現界では、霊界とは異なりオーラ（霊相差）は見えません。そして、霊相の全く異なる人々が一緒になり、同じ社会で暮らしているのです。霊相が全く異なれば、その人々の価値観や考え方も大きく異なってきます。お金や物のことしか考えていない人、自分勝手な人、やさしく他人を思いやる人……そういったさまざまな人々が同じ社会で暮らしていれば、おのずとあつれきが生じます。また、地球規模では五色人種間のあつれきも生じます。

霊界では経験できないさまざまなあつれきの中で人々は日々の生活を営み、多くの経験をします。苦しいこと、つらいこと、楽しいこと、うれしいこと、美しいこと、愛すること……等々を経験し、すべての面で和をもって生きる努力をすることにより魂が成長していくのです。

（再び、霊界へ）

しかし残念なことに、多くの人間は人生修行の過程においてなんらかの罪を犯してしまいます。そして死後、幽界において罪のミソギをさせられます。ミソギが終わると、ふるさとである霊界に戻ることができるのです。なお、人によっては、死後「畜生道（ちくしょうどう）地獄」という地獄に落とされ、その後霊界には戻らず、動物として再度現界に生まれさせられる場合もあります（転生）。

（再生の繰り返し）

霊界に戻り、楽しく生活をしているだけでは、やはり魂は向上しません。そのため、人間は、再度、現界へ誕生させられます（再生）。神様は、このような再生を人間に何度も繰り返させます。

私たちは、現在、この途中にいるものとお考えください。今のあなたの人生は、果たして何回目の人生修行なのでしょうか？

それは、今は分かりません。あなたが亡くなり、幽界でのミソギを終えて再び霊界に戻るときに分かります。

〈再生の繰り返しの果てには〉

では、なぜ人間は、現界への再生を何度も繰り返して魂を磨き続けなければならないのでしょうか？

それは、人間はやがて神界に行き、神になるからです（これを「神上がり」と言います）。つまり、神になるという大きな目標のために、人間は何度も現界に生まれ魂を磨いているのです。より正確にご説明すると、人間は現界での人生修行を三十回行うと、神上がりします（三十回には転生の数は含まれません）。人間には個

●再生・転生の大まかな流れ

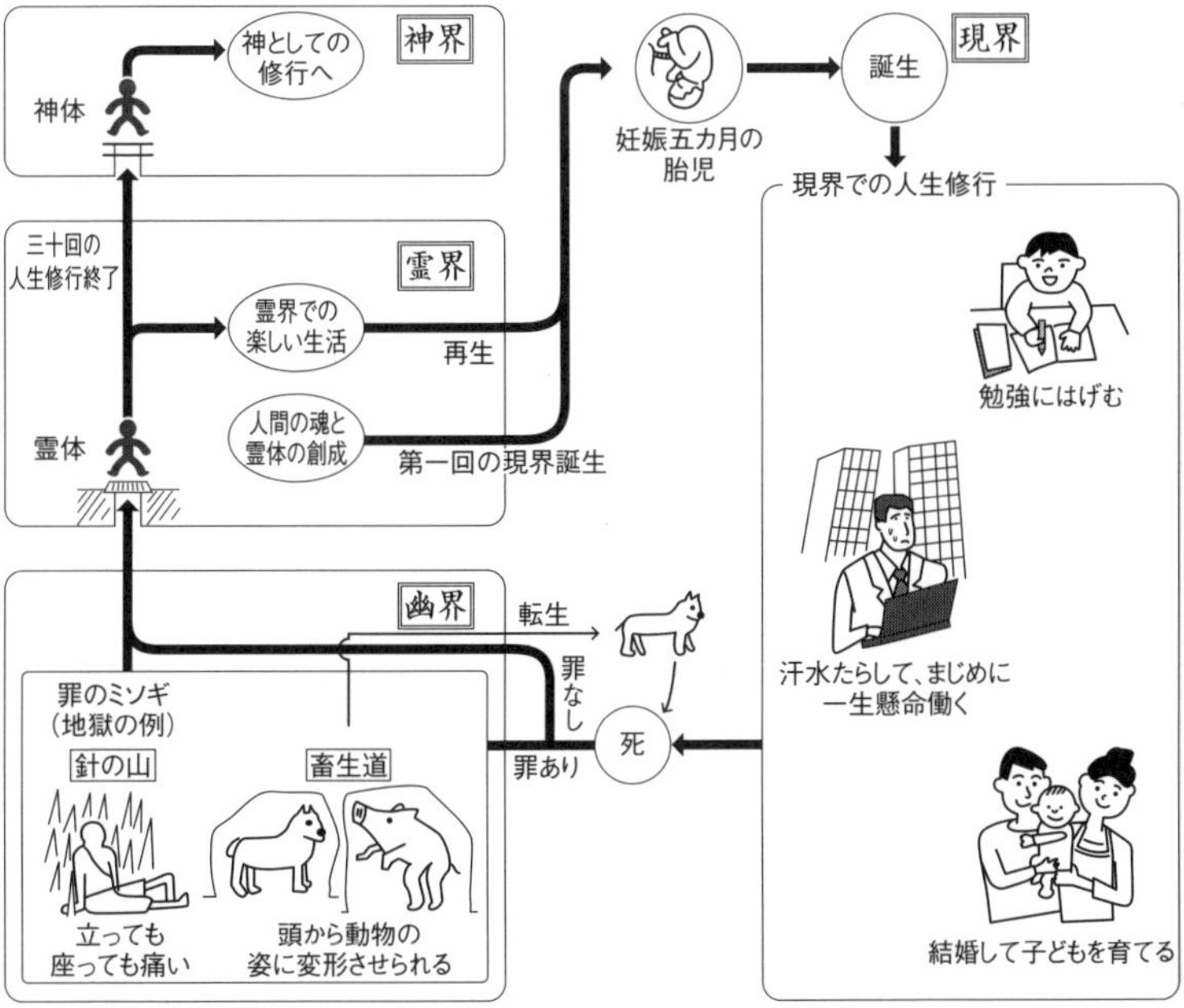
神界
神としての修行へ
神体
三十回の人生修行終了
霊界
霊界での楽しい生活
再生
霊体
人間の魂と霊体の創成
第一回の現界誕生
幽界
転生
罪なし
罪あり
罪のミソギ（地獄の例）
針の山
立っても座っても痛い
畜生道
頭から動物の姿に変形させられる
死
妊娠五カ月の胎児
誕生
現界
現界での人生修行
勉強にはげむ
汗水たらして、まじめに一生懸命働く
結婚して子どもを育てる

人差があるため、現界での人生修行の回数が少なくても再生時にあまり罪を犯さない魂もあれば、数多く再生していても、再生のたびに罪を犯してしまう魂もあります。

しかし、人生修行の回数が二十五回ぐらいにもなると、そのような個人差がほとんどなくなり、魂は向上し罪を犯さなくなっていきます。そして三十回の人生修行を終えると、人間の魂は神の魂となるのです。

読者の皆さまの中には、今まで神様はお一人であると思っていた方が多いのではないでしょうか。確かに、あらゆる物質や生命を生み出した万物の創造主たる神様はお一人です。その方は、七次元の高級神霊界の最高位におられ、この宇宙のすべてを支配されています（この方は人間から神上がりしたわけではなく、もともとから神様として存在しています[※7]）。

しかし、この方以外にもたくさんの神様がいるのです。まず、この方と同じように人間から神上がりしたわけではないもともとの神様が他にも十名います（もともとの神様のことを天津（あまつ）神と呼びます）。さらに、ここでご説明した人間から神上が

●神界の階層

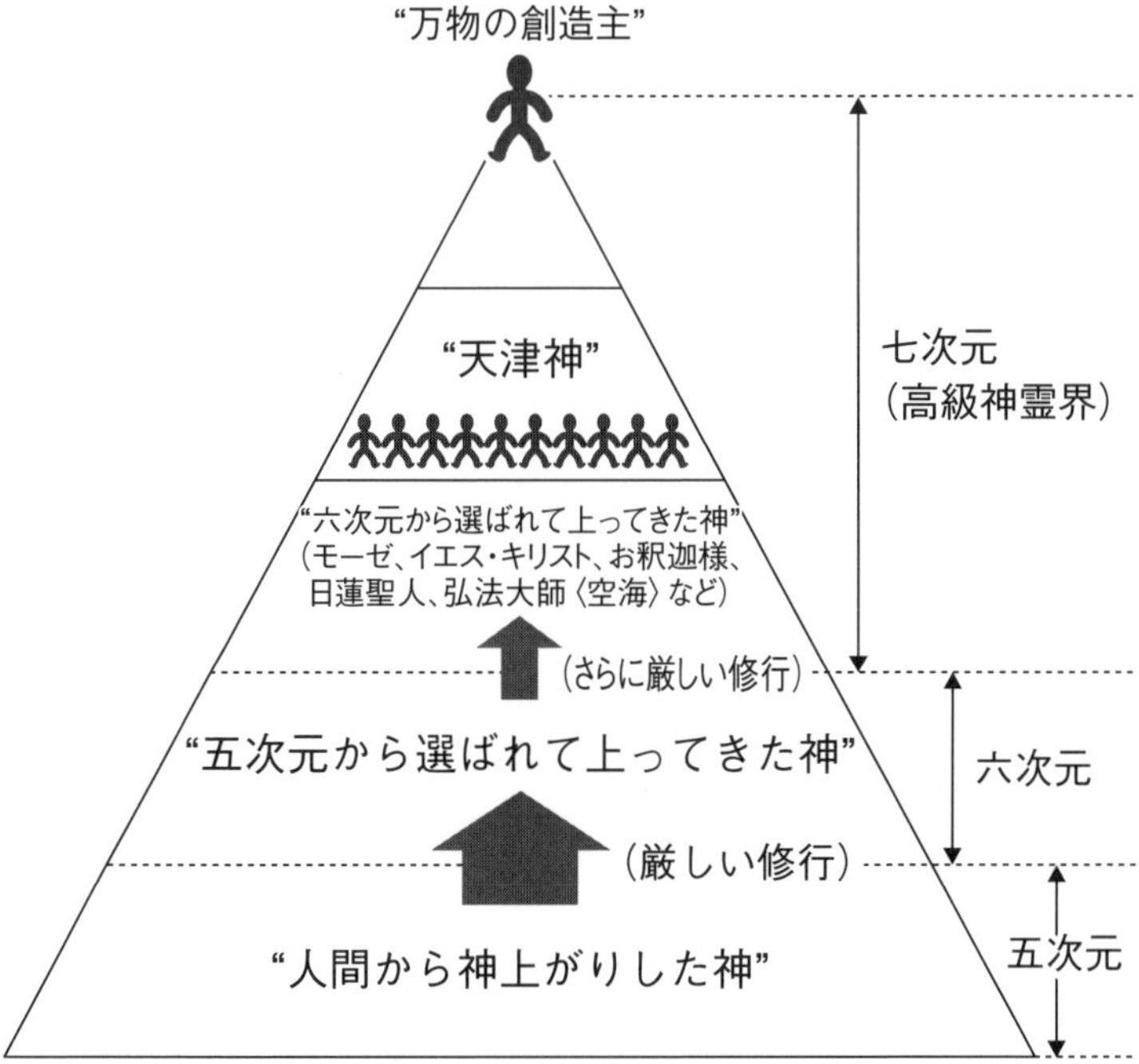

（万物の創造主たる神様の意向に従って、十名の天津神が、宇宙の隅々に配置された他の神々に命令・指導をして、宇宙全体を維持管理している。）

りした神様が非常に大勢います。

もともとの神様の姿は黄色人種の形態をしています。人間の本来の姿（霊体）も全人類に共通して黄色人種の形態をしています。これは、人間がやがて神になるためにもともとの神様に似せて創られたからなのです。人間が神になった後は、霊体は神体と呼ばれるようになります。神になったばかりの魂と神体は、まず神界の五次元に所属します。そして神になってからも厳しい修行をして六次元、次いでさらに厳しい修行をして七次元（高級神霊界）を目指します。なお、人間から神上がりして七次元まで上りつめた方の例としては、モーゼ、イエス・キリスト、お釈迦様、日蓮聖人、弘法大師（空海）などがあげられます。

※7）さまざまな宗教が祈る対象としている神様（「天照大御神」「弥栄大御神」「大日如来」「阿弥陀如来」「梵天」「ヤハエ」「エホバ」「アラー」など）は、結局はすべてこの方のことを指しています。

３‐３　人はどのようにして、現界に誕生するのか

この節では、人間が霊界から現界へ誕生するときの状況について、少し小説化してお話しします。このお話の主人公はあなたです。自分のこととして楽しく想像しながらお読みいただければと思います。

あなたは、すでに現界での人生修行を何回か経験しています。前回の人生（前生）では、約七百年前の鎌倉時代に武士として生きていました。[※8] その後の幽界でのミソギも終わり、霊界に戻ってきてからもうかなりの時間が経過しています。

「もうそろそろ、また現界に生まれ出てもいい頃かな〜」

「いつまでも霊界にいては、これ以上、霊相は向上しないし……」

などと思っていたある日、神様の使いの者から声がかかりました。

「そろそろ現界に修行に行きなさい――」

現界に生まれ出ることが決まると、再生祝賀会[※9]というお祝い会が開かれます。これは、いわば現界への壮行会のようなものです。

そして、みんなから

「頑張ってこいよ！」

「今度は地獄に落とされるような悪いことをするなよ！」

「悪い性格を直せよ！」

などと言われて送り出されました。

前生のあなたはよほど悪い人だったのでしょうか……⁉　再生祝賀会では、今度は間違った人生を送らないように励まされていましたね。

その後、現界に舞い降りる日まで残り一週間ほどになった頃、あなたは待合所に行きました。待合所には、あなた以外にも、近々現界に舞い降りる予定の人たちが集められていました。待合所では、今度の人生ではどのような家庭に生まれ、その後、誰と結婚し、どのような生活を送るのかなど、あなたの一生が大まかに教えられました。それによって生まれ出る心構えをするというわけです。驚かれるかもしれませんが、人間の一生というのは、ある程度最初から決まっているのです。

さて、待合所で待機していたあなたの魂と霊体は、現界のお母さんのお腹の中の胎児が安定期に入った妊娠五カ月ごろに現界に舞い降りてきて、胎児の肉体の中に入りました。魂と霊体が胎児の肉体に入ると、その肉体と全く同じ容姿の幽体が作られました。この時点で、二十代の若さの霊体、胎児の形の幽体と肉体の合計三体がそろいます。

なお、魂と霊体には本来の性別があります。しかし、男（女）の魂と霊体であるからといって、男（女）の胎児の肉体に入れられて男（女）として現界に生まれ出るというわけではありません。人間は、再生を繰り返す中で男女どちらの修行も経験させられます。あなたの本当の性別はいったいどちらなのでしょうか……!? それは、あなたが再び霊界に戻るまでは分かりません。

ここまで、あなたの魂と霊体が霊界から旅立ち、現界の胎児の肉体に入るまでの過程をお話ししましたが、「そんなことは、全然覚えてないよ」とお思いのことでしょう。それは、人間は、妊娠五カ月の胎児の肉体に魂と霊体が入ってから妊娠十カ月程度にお母さんのお腹から生まれ出るまでの間に、生まれる前の記憶のすべてを神様によって消されてしまうからなのです。※10 これは、現界において生まれる前の記憶があると修行にはならないからです。記憶が消されて真っ白なゼロの状態であっても、いかに罪を犯さないか、過去生と同じ過ちを繰り返さないように自分を戒めていくかが魂の向上にとって大切なことなのです。

さて、妊娠十カ月ごろになって、あなたはついにお母さんのお腹から赤ん坊として生まれてきました。そして、あなたの目には見えませんが、誕生と同時に「背後(はいご)霊」と呼ばれる霊が五人付き添い、赤ん坊であるあなたの観察を始めました。背後霊は、これから先のあなたの一生をじ～っと観察し続けるのです。[※11]

背後霊は、よく守護霊や守護神と勘違いをされる場合がありますが、普通、人間には守護霊や守護神は付き添ってはいません。背後霊の役割は、基本的に、その人の一生の監督と記録です。その人の言動（発言や行い）、性格や思想を正確に記録するのです。ただし、例外として、その人の霊相がよほど高い場合には守護や指導をすることもあります。

…………

あなたは、以上のような経過をたどって霊界から現界に誕生しました。そして現

●背後霊（団）

（たいていは霊界から出張してきた男の先祖霊
和服や洋服などさまざまな服装をしている）

界でのさまざまな経験を経て現在にいたっているのです。

※８）前生が何時代のどのような職業の人間であったのかは、人によって異なります。

※９）第一回目の人生の場合のみ、第一回現界誕生祝賀会と呼ばれます。

※10）子どもによっては、生まれ出た後もしばらくの間、お腹の中にいたときの記憶を持っている場合があります。そのような記憶は胎内記憶と呼ばれています。しかし、子どもの成長につれて、結局はその記憶も忘れ去られていきます。

※11）五人の背後霊（団）は交代することがあります。特に女性が結婚をして姓が変わった場合は、背後霊も嫁ぎ先の先祖霊に変わります。

３－４　人が現界に生まれてきた意味

ここで、私たち人間が現界（この世）に生まれてきた意味を改めて考えてみましょう。

これまで繰り返しお伝えしてきたように、私たち人間は、人生修行をして魂（心）

を磨くために現界に生まれてきたのです。言い換えれば、現界は魂を磨くための修行の場であって、決して物やお金を追い求めたり、自分の欲求や楽しみだけを求めたり、地位や名誉を得るための場ではありません。

それでは、人生修行とは一体何をすることなのでしょうか?

修行というと、少し大げさに聞こえるかもしれません。人によっては、長時間座禅を組んだり滝に打たれたりするなどの荒行を思い浮かべるかもしれません。しかし、そのような荒行をしたとしても、ただ体に負担がかかるだけで、魂を磨くことにはなりません。人生修行とは、そのような特別な修行（宗教的修行）のことではなく、それぞれが与えられた環境の中で人として正しく生きていくことなのです。そして、そのような修行によってのみ人間の魂は磨かれていきます。

例えば学生は、まじめに学校に行くこと自体が修行です。そしてきちんと校則を守り、一生懸命に勉強するのです。ただし、勉強だけをやっていても人間の心は成長しません。学校の友達と和をもって仲良くやっていくこと、家では親の言うことをよく聞き、よく手伝いをすることも修行になります。

学校を出たら世のため人のためになる正しい仕事に就いて、汗水たらして、まじめに一生懸命に働くことが修行です。しかし、たとえ汗水たらして一生懸命に働いたとしても、正しい仕事でなければ魂を磨くどころか、逆に魂はけがれていきます。

さらに、たとえ正しい仕事であったとしても、お金もうけのことばかりを考えて働いているとやはり魂はけがれていきます。つまり、仕事とは、生活のためや地位や名誉を得るためにするものではなく、世のため人のためにするものなのです。世のため人のために働くことは苦しい時もありますが、自分自身の勉強になりますし、その苦労が血や肉となって魂が磨かれていくのです。

まとめると、人生修行とは、人間としてなすべきことをきちんと行い、利他（他人に尽くすこと）の精神で生きていくことなのです。

また、前節の最後にご説明したように、人間の一生は背後霊によってすべて観察されており、事細かく記録されていることも忘れないでください。人間は「誰も見ていないから……」とか「これくらいならいいだろう……」などと安易に考えて、大なり小なり罪を犯してしまう傾向にあります。しかし、背後霊はそれらを確実に記録しています。そしてそれらの記録を基に神様は人間の死後の行き先を決定されます。現界では、たとえ悪いことをしても、誰にも見つからなければ罪に問われることはありません。しかし、神様は、背後霊の記録を通してすべてをご存じなのです。このため、誰かが見ていても見ていなくても、人としてまじめに正しく生きることが大切なのです。

さて、年ごろになると、結婚する方が多いでしょう。結婚は人生で最大の修行です。なぜなら、生まれも育ちも違う男性と女性が一つ屋根の下で共同生活を行うことは、最も魂を磨くことになるからです。

恋愛中はお互いによいところしか見せないかもしれません。しかし結婚をすると、現実が見えてきます。食事の好みや生活習慣など、ささいなことでの食い違いに気づくことでしょう。

また、子どもが生まれるとさらに大変になります。子どもは親の思うとおりには育ってくれません。子どもの教育方針をめぐり夫婦の意見が分かれることもあるでしょうし、子どもが反抗期を迎えることもあるでしょう。子育ては神様から成長途上の魂を預かることであり、神様から与えられた大きな修行です。このように、夫婦、子どもがお互いに愛し合い、時には我慢し、思いやって愛和の家庭を築いていくことで魂が磨かれていくのです。

人は生まれてきたからには、原則として結婚をしなければなりません。もし結婚できる機会があったのに、それを自ら拒み続けて一生を独身で過ごした場合、神様から見ると〝結婚という修行を放棄したという罪〟を犯したとみなされてしまいます。

「そんなことを言われても、私は結婚したくてもできないのです」という方もいるでしょう。前節でご説明したように、人間の一生というのはある程度最初から決まっていて、結婚相手も生まれる前から決まっています（コラム『運命の人』参照）。しかし、人によっては、理由（前生の罪など）があって、神様から結婚を許されない場合もあります。このため、結婚をせずに一生を終えたからといって、必ずしも罪を犯したとみなされるわけではありません。

このように、私たちは人生修行を通して魂を磨くために現界に生まれてきました。このため、人生の途中で現れる悩みや苦しみは、ある意味、神様があなたを鍛えるために与えているものなのです。だから、人生を振り返ると、楽しいことやうれしいことよりも、悩んだり苦しんだりすることの方が多いものです。そして神様は、あなたが悩みや苦しみに直面したときに、それに対してどのように立ち向かい、どう解決していくのかを見ています。そのような過程を通して人間の魂は磨かれ成長していくのです。

コラム「運命の人」

人は、現界に舞い降りる前の待合所で、神様から今生の運命について教えられます。そこで、あなたの結婚相手（運命の人）も教えられます。

読者の皆様の中でも、もうすでに結婚をされている方は、「そんなばかな！相手とは偶然に出会い、お互いに恋愛をして結婚したのだ」と思われるかもしれません。

しかし、それもすべては神様の予定どおりなのです。理解しにくいかもしれませんが、あなたが相手と出会ったことも、相手を好きになったことも、神様が背後霊を通してそうなるように仕向けたのです。ただし、まれに例外として、予定外の相手と結婚してしまう場合もあります。

結婚相手は、基本的に、人間が再生を繰り返すたびに変わります。つまり、いつも同じ相手（魂）と結婚するわけではないのです。しかし、生まれ変わっても再び同じ相手と結婚する場合があります。それは、その相手との結婚生活がうまくいかなかったときです。いつもけんかばかりして、お互いに仲良くなる努力を全くしていない夫婦の場合、神様は、あえてその夫婦が生まれ変わるたびに何度も結婚をさせ修行をさせるのです。そして、二人が本当に仲良く結婚生活を送れるようになったとき、修行は終わったということで、その二人の結婚は二度とないのです。

もしあなたが今のご主人（奥さん）のことが嫌いで来生は一緒になりたくな

いとお考えなら、ぜひとも今生は、残りの夫婦生活を仲良くするように努力してみてください。
結婚は人生最大の修行だと思って……。

３－５　人はこのようにして、現界を去る

私たち人間は、この世（現界）に生まれ一定の人生修行を積んだ後、再び、あの世へと戻ります。これが現界における「死」です。どんなに科学や医学が進歩したとしても、人間は絶対に死を避けることはできません。これはまぎれもない事実です。

それでは、人はどのようにして現界を去るのでしょうか？

ここでは、人間が死を迎える瞬間の様子や死後の状態について少し詳しくご説明します。[※12] あなたにもいつかは必ず訪れる出来事ですので、ぜひ自分にあてはめてお読みください。

※12）この節の説明は、老衰や病死など、通常の亡くなり方で死亡した場合を想定しています。自殺や他殺、事故死など通常とは異なる亡くなり方（これを変死と呼びます）で死亡した場合の状況については、3-9節でご説明します。

〈三途の川を渡る夢〉

人は死の直前に必ず、いわゆる「無意識状態」に陥ります。そして、その状態で三途（さんず）の川を渡る夢（幻覚）を見ます。

多くの読者の皆さまが、三途の川とは、この世とあの世とを分ける境目であると聞いたことがあるのではないでしょうか。しかし、実は、三途の川は死の直前の無意識状態において見させられる夢の中で登場するだけであって、実在はしません。

●三途の川の様子

この夢は、老衰、病死、自殺、突然の事故死など、どのような状態で亡くなろうとも、神様が人間に対して「おまえはもう死んだのだ」ということを自覚させるために必ず見せられるものなのです。

夢の中では、川と桟橋が出てきます。川幅約百メートル、水は右から左にゆっくりと流れています。桟橋を歩いていくと、小舟がつないであり、その小舟には船頭さんが一人います。向こう岸には色とりどりの美しい花畑が見え、迷わず舟に乗り込み向こう岸に渡りたいと思います。

小舟に乗り込むと、船頭さんは、小舟をゆっくりと漕いで川を渡ります。そして、向こう岸に降りると、花畑は一切消えてしまいます。ちょうどその瞬間、肉体の心臓が停止します（「心臓死」）。人間は、このときにちょうど肉体という着ぐるみを脱ぎ、この世（三次元空間）からあの世（四次元空間）に旅立ちます。そして、この後は、幽体を利用するようになるのです（つまり、幽霊になります）。

なお、三途の川の夢の最中に向こう岸に降りずに帰ってくると、無意識状態から意識を取り戻し「生き返る」ことになります。時々、臨死体験をした人が「きれいな花がたくさん咲いていた」などと無意識状態で見た景色の美しさを語ることがありますが、それは、まさに三途の川を渡りきらずに目が覚めて生き返った例なのです。

（死後の様子と霊線）

三途の川を渡りきり、夢から目が覚めると、死者は自分の眼下（六十センチメートルほど下）に自分の肉体（遺体）が横たわっていることに気づきます。この事実に直面して、大抵の死者は驚きと不安に陥ります。

その後、死者の家族が死者の肉体（遺体）の異変に気づくでしょう。家族は遺体に対して必死に声をかけているかもしれません。死者と家族は互いにすぐ近くにいるのですが、住んでいる次元が異なります。四次元空間にいる死者からは、三次元における家族の様子を見たり、家族の声を聞いたりすることができるのですが、三次元空間にいる家族からは、四次元における死者（幽体）を見ることも、死者の声を聞くこともできないようになっています。

このようにして、死者は、三途の川を渡ったこと、自分の肉体（遺体）が目の前に横たわっていること、自分の肉体（遺体）に対する家族の反応などを目の当たり

●心臓死直後の肉体（遺体）と幽体

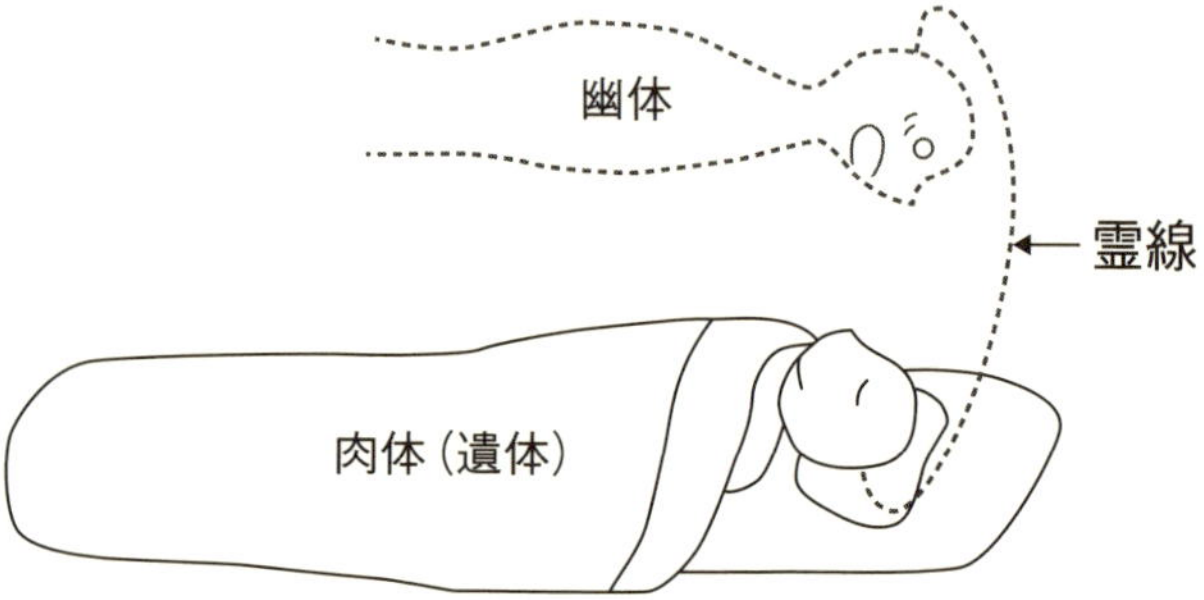

にして、自分の死を自覚します。そして「人間は死んだら終わりではない」ことにもはっきりと気づくのです。

死と同時に、今までその方を観察していた背後霊五人のうちの四人が霊界に帰ります。死者となったその方には、残された一人の背後霊が見えるようになります。そして、残った背後霊が今後の死者の世話をしてくれるのです。[※13]

また、死後、霊界にいる自分の身内が会いにきます。

では、自分の肉体（遺体）の上にい

る死者は、その後どうなるのでしょうか？

実を言うと、死者（幽体）は死後しばらくの間、幽体と肉体（遺体）の後頭部同士が、目には見えない霊線と呼ばれる線（分かりやすい例えとして、神経の線のようなものをイメージしてください）でつながっているため、自分の肉体（遺体）から離れて自由に動くことができません（右図参照）。

そして、この状態で肉体（遺体）に傷をつけると、霊線を通して幽体にも傷がつき、死者にも痛みが感じられるしくみになっています。そのため、解剖や献体、臓器移植などで遺体に傷をつけることは、本来してはいけないことなのです。

※13）背後霊は世話をしてくれるものの、死者を諭したり慰めたりはしてくれないため、死者は「今後の自分がどうなるのか？」と不安な気持ちになるものです。

（通夜や葬儀での大問題！）

その後、死者の通夜や葬儀が執り行われます。通夜や葬儀では、多くの親族や知人が参列して、その方の死を悲しんでいるでしょう。[※14] そのような参列者を死者はお棺の上約六十センチメールの位置から眺めています。しかし、通夜や葬儀の際、死者を苦しめるいくつかの大問題が発生するのです！　そのうちの二つをご紹介しましょう。

※14）葬儀は人生の卒業式ですので、本当はおめでたい行事です。

●ドライアイス

遺体の腐敗を防ぐためにお棺の中に入れられたドライアイスが、死者を凍えさせます。先ほどご説明したように、死後しばらくは、肉体（遺体）と幽体は霊線でつながっており、肉体（遺体）に傷がつけば、幽体にも傷がつくしくみになっています。そのため、ドライアイスで遺体を冷やしてしまうと、同じように幽体も冷やされてしまい、死者は痛みを感じるほどに凍えてしまうのです。このように、本当はドライアイスは使用しない方がよいのです。

●お焼香

お焼香の煙も死者にとっては苦痛です。肉体という余分な着ぐるみを脱いだ死者の五感は、生前以上に鋭くなります。特に嗅覚は生前に比べて十倍程度鋭くなります。そのため、煙たくてたまりません。

お香は、もともと遺体の死臭を消すために、残された人間がたいたものです。しかし、お香のにおいには何か神秘的な雰囲気があるため、死者の供養になると人間が勘違いしてしまい、現在のような習慣になったのです。[※15] 死んだからといって、においによって救われるようになるわけではありません。においはにおいにすぎず、死者にとってはただ煙たいだけなのです。

以上のように、死者は、大変な寒さと煙たさに苦しみながら、お棺の上からじ～っと通夜や葬儀の様子を眺めています。ただ、多くの親族や知人がお別れに来てくれることは、うれしいものなのです。

※15）死臭を消したいだけなら、お香をたくよりも遺体の周りにお花を置くことをおすすめします。

（その後の霊線〜火葬場で迎える「本当の死」〜）

葬儀の後に死者を待っている出来事は、火葬（あるいは土葬）です。火葬場に肉体（遺体）がお棺ごと運ばれ火葬炉に入れられると、死者は怖ろしくて震えあがるのではないでしょうか⁉

「自分は遺体のすぐ上にいるぞ！」
「自分を焼き殺す気か⁉」

死んだ人間が焼け死ぬのを怖れるのも不思議な感じですが、このように考えるのも無理はありません。死んだといっても、死者には、生きていた時と同様の意識もあれば、感覚もあるのです。自分の肉体（遺体）が焼かれることに恐怖を抱くのも当然のことでしょう。

しかしご安心ください。肉体（遺体）と幽体とをつないでいた霊線は、火葬炉に入れられた肉体（遺体）がまさに火で焼かれる寸前に切れるのです。火葬場の職員の間ではよく知られている事実ですが、火葬炉内で焼かれる寸前に遺体の上半身は起き上がります。ちょうどそのときに、肉体（遺体）と幽体とをつなぐ霊線が切れるのです。なお、火葬ではなく土葬の場合は、お棺が地中に埋められ、上からかけられた土が地面と平らになった頃に霊線が切れます[※16]。また、火葬も土葬もされず遺体が放置される場合は、霊線は長くて一週間くらいで自然に切れるようになっています。

このように、霊線が切れたときが「本当の死」です。本当の死の後は、死者は自由に動けるようになります[※17]。火葬を終えた死者は自由になったものの、遺骨だけになった自分の肉体を見て何とも言えない気持ちになります。その後は、目には見えませんが、家族と共に火葬場から自宅へ戻るのです。

※16）生前にとても頑固で現界への執着が強い方の場合、なかなか霊線が切れず、遺体の上半身が何度も起き上がります。

※17）肉体がなくなった死者（幽体）の体重は約三十グラムです。

（祭壇と白木の位牌、そして食事）

自宅に戻った死者は、どこかに出かけることもありますが、普通は白木の位牌が安置された祭壇の上の六十センチメートルくらいの所に頭を北にして寝ています。また、服装は納棺時のものと同じです。そして、一日一回、食事をします。

肉体のない死者に食事が必要なのか⁉　と不思議に思われるかもしれません。しかし、死んだといっても、死者には生きていたときと同様の感覚があるので、お腹も減ります。もちろん、肉体のない死者は、祭壇に供えられた食品を直接手にとって食べることはできません。しかし、食品のにおいや湯気を吸って満腹感を得られる

●自宅に戻った死者の様子
（においや湯気が出るように温めた食品をお供えする）

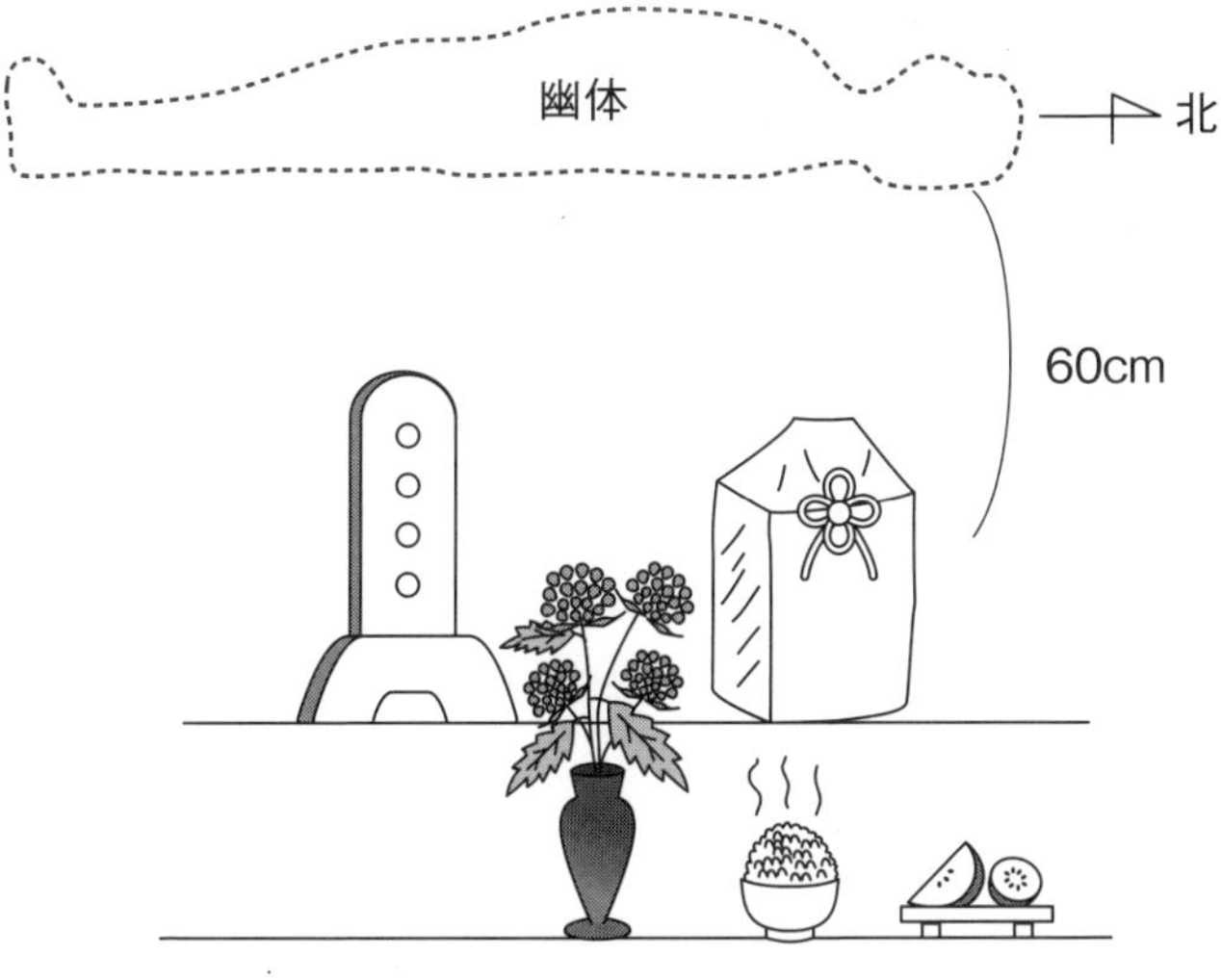

ようになっているのです。

なお、死者は出かける場合もありますので、祭壇に食品をお供えする場合は、祭壇の上約六十センチメートルの所に向かって「今日は○時ごろにお食事をご用意します」というように、あらかじめ食事時間を伝えておくとよいでしょう。

3-6 「四十九日」の本当の意味と神裁き

家族に死者が出ると、仏教では、通夜、葬儀、初七日(しょなのか)、二七日(ふたなのか)……というように、死者を弔うための法要を段階的に行います。そして、四十九日の法要が終わることを俗に「忌明け」「喪が明ける」などといい、法要はひと段落します。このように、仏教では四十九日が法要の一つの区切りになっていますが、どうして四十九日目が区切りになっているのでしょうか? 四十九日の本当の意味とはいったい何なのでしょうか?

（「四十九日」の本当の意味）

火葬が終わり自宅に戻った死者は、死後四十九日の間、目には見えませんが、そのまま現界（主に自宅）に留まっています。そして、四十九日目になると、幽界に存在する神様の裁判所に行き、「神裁き」と呼ばれる裁判を受けるのです。そして、神裁きにより死者のその後の行き先が決定されます。

それでは、神様は、なぜ死者を、死後四十九日の間、現界に留まらせるのでしょうか？

それには深い理由があるのです。以下に三つご説明いたします。

（1）現界への執着をとる

まず一つ目は、この世（現界）への執着をとり、本当にあの世へと旅立つ心の準備をするためです。誰もが多かれ少なかれ、亡くなったときには現界への執着を残しています。「残された妻と子どもの生活が心配で……」「やり残した仕事が……」など、さまざまな理由により、現界に対して執着を持っているものです。しかし、人間は死んだからには現界への執着をとらなければいけません。いつまでも現界のことにとらわれていてはいけないのです。つまり、神様は現界への執着をとり、本当にあの世へと行くための猶予期間として、死者に四十九日間を用意しているのです。

(2) 自分の人生を振り返り、罪やけがれを反省する

四十九日目に神裁きが行われて、死者の生前の言動(発言や行い)、性格や思想が裁かれます。多くの人間は生前に罪を犯しています。できるならば生きているうちに自分の罪を自覚して反省することが望ましいのですが、生前はなかなか自分の人生を振り返り反省する機会がありません。

そこで、神様は、死者に対して、生前の生き方を振り返り、罪やけがれを反省する機会を与えるために、死後四十九日間の猶予を与えているのです。そのため、背

後霊は、生前だけではなく死後四十九日の間も非常に重要な期間として記録しています。この期間に自分を振り返って反省することにより、神裁きの結果（行き先）が大幅に変わるのです。

また、残された家族も、四十九日間は、死者が自分の人生を反省できるように手助けをしてあげてください。自宅祭壇の上約六十センチメートルの所に向かって、死者の生前の欠点や長所などを話してあげるとよいでしょう。例えば、頑固なおじいさんが亡くなったのなら、「おじいちゃんは、少し頑固だったから反省した方がいいよね……」などと、やさしく心を込めて言ってあげるのです。

また、死者に今後のこと（四十九日間の意味、神裁きがあること、罪があれば幽界に送られること、反省すれば霊界に戻れることなど）を話してあげるとためになるでしょう。生きているときもそうですが、なかなか自分で自分のことを反省するのは難しいものです。その場合でも、家族の言葉を聞くことで、本人（死者）も悟りやすくなるのです。

（3）最後のお別れに出かける

四十九日の間、死者は、基本的には自宅に留まっているのですが、自宅以外の場所に出かけて友人や親戚などに会うこともできます。そして、最後のお別れをするのです。このように、四十九日間は最後のお別れに出かける期間でもあります。そして心の整理をして、本当にあの世へ旅立つ心の準備をするのです。死者も生きている人間と同じように歩いたり、交通機関（新幹線、バスなど）を利用したりして移動します。※18 幽体は三次元の物質（建物や壁など）を透過することができるので、死者は、たとえ改札口やドアが閉まっていたとしても、いとも簡単にすり抜けて新幹線に乗車できます（無賃乗車！）。もし四次元が目に見えたら、新幹線の中は、最後のお別れに出かける死者の霊でいっぱいだったということもあるのです。

（神裁きとは）

死後四十九日目になると、一人残った背後霊は、死者に今まで着ていた納棺時の服を脱がせ、半そで、半すその簡単な白衣を着させます（左前にして、つけ紐で縛ります）。その後死者は、背後霊に連れられて、幽界に存在する神様の裁判所[※19]に行きます。裁判は毎日開かれています。同じ日に四十九日目を迎えた死者たちがおそろいの白衣を着て、各人の背後霊に付き添われて、控室で一列に並んで待っています。

そして自分の番が来て呼び出されると、裁判官（七次元の神様[※20]）の机の前に立ちます。その際、背後霊はその人の左後ろに立ち、その人の一生と四十九日間の記録を読み上げます。背後霊はウソの報告をしないので、弁明の機会は与えられません（もちろん検事や弁護士はいません）。背後霊の報告を聞き終わった後、裁判官の神様は、宇宙（神様）の法律に則って、ただちに最終決定（判決）をくだします。そして、その人の行き先が決まるのです。

残念なことですが、現界で人生修行をしているうちに、私たち人間は大なり小なり罪を犯しています。そして、多くの人間が神裁きの後に幽界に行き、その罪のミソギをすることになります。幽界に行くのが嫌だと言って逃げてしまうと、背後霊はそのまま引き留めずに逃がしてしまいます。しかし、その死者は、浮遊霊（ふゆう）となって現界を苦しみながらさまよい、浮かばれなくなってしまいます。

現界での人生修行の回数が三十回近くになると、人間の魂は神の魂に近づいていくため、罪を犯さなくなります。そのような人は、幽界でのミソギはせずに、直接、人間のふるさとである霊界に戻ることができます。

※18）死者の中には、瞬間移動をしてあちこちに出かけられる者もいます（基本的には、霊相の高い人の場合）。

※19）幽界は国ごとに分かれており、各国の幽界に神様の裁判所が一つずつ存在します。

※20）仏教では閻魔（えんま）大王と呼ばれ、恐ろしいイメージがありますが、実際の裁判官（七次元の神様）は恐ろしい容貌をしているわけではありません。

３‐７　幽界でのミソギ、そして霊界へ

死後四十九日目の神裁きの後、幽界に行くことになった死者は、その後どうなるのでしょうか？

（幽界の段階）

生前の罪の種類や重さに応じて、幽界のさまざまな段階に送られます。そして、送られた段階で苦しいミソギの生活が始まります。幽界での苦しみの中で生前の罪を反省し、現界への執着をとっていくことで、死者は幽界の段階を昇っていきます。

幽界は、六つの段階に分かれています。上の四段階は地獄界以外のミソギの場です。そして、下の二段階が地獄界です。段階の下方にいけばいくほど、暗く、苦しみの深いミソギの場となっています。

●幽界の段階

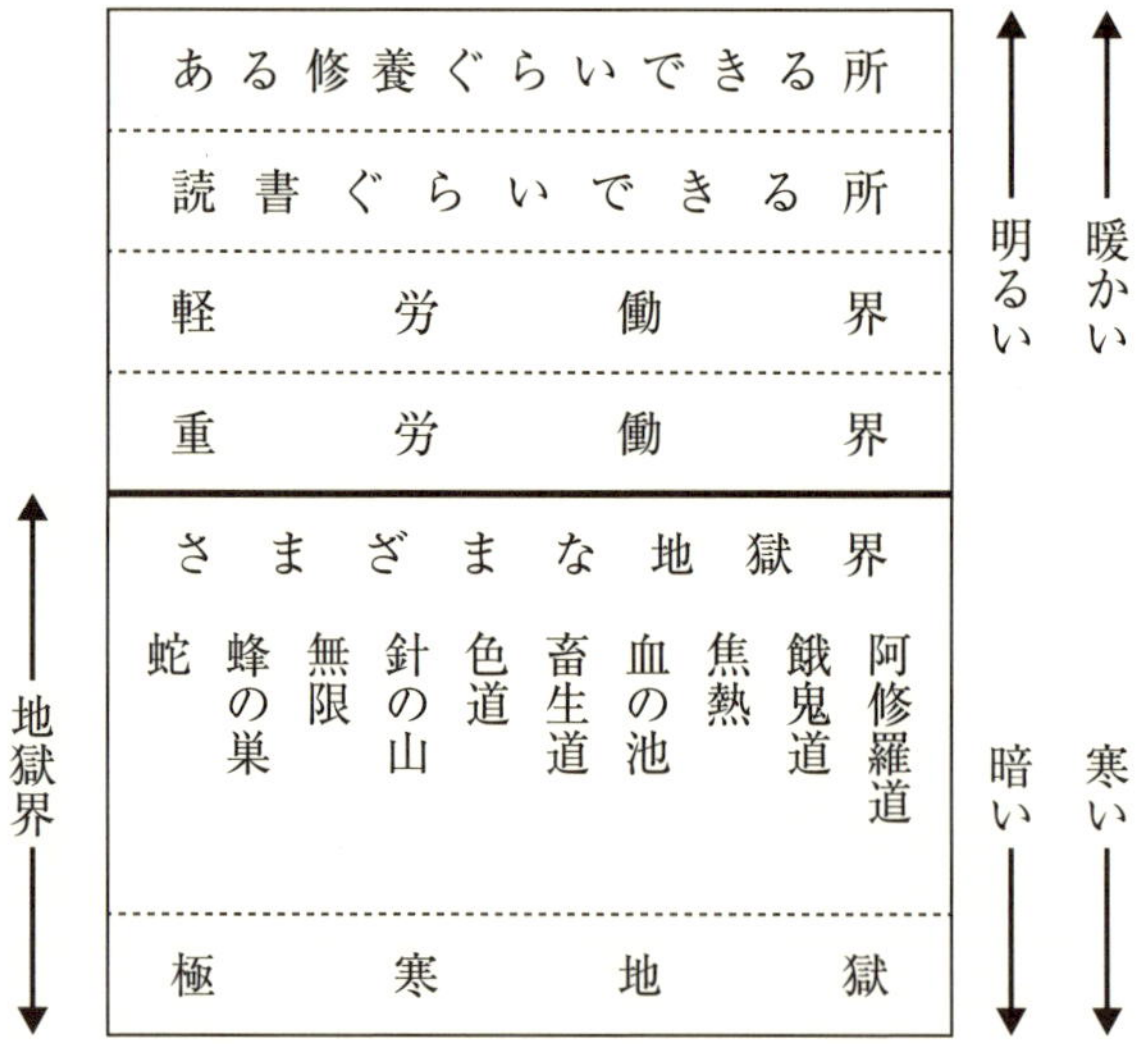
ある修養ぐらいできる所
読書ぐらいできる所
軽労働界
重労働界
さまざまな地獄界
阿修羅道
餓鬼道
焦熱
血の池
畜生道
色道
針の山
無限
蜂の巣
蛇
極寒地獄
明るい
暗い
暖かい
寒い
地獄界

（幽界でのミソギについて）

幽界の中でも最低の段階「極寒（ごっかん）地獄」でのミソギからご説明しましょう。この地獄の様子は、その名のとおり、極めて寒く真っ暗です。この地獄に落とされた死者は、氷漬けになっており、寒くてガタガタふるえ硬直しています。このような悲惨な状態の中で自分の罪を反省しなければならないのです。

このような状態にさせられるのは、生前にいったいどのような罪を犯した人なのでしょうか？

その一例は、意外に思われるかもしれませんが、自殺者です。※21 自殺とは、神様から与えられた人生修行を自ら放棄することになり、どんな理由であれ、神様に対する大罪となります。自殺は非常に重要な問題ですので、３－９節でも詳しくご説明いたします。

●極寒地獄の様子

「極寒地獄」の上の段階には、十種類の地獄（「阿修羅道(あしゅらどう)地獄」「餓鬼道(がきどう)地獄」「焦熱(しょうねつ)地獄」「血(ち)の池(いけ)地獄」「畜生道(ちくしょうどう)地獄」「色道(しきどう)地獄」「針(はり)の山(やま)地獄」「無限(むげん)地獄」「蜂(はち)の巣(す)地獄」「蛇(へび)地獄」）からなるさまざまな地獄界が存在します。そして、どの地獄に落ちても、とてもつらい苦しみの中で自分の罪をミソガなければなりません。

現界でも刑務所に入れられるような大きな罪（殺人、窃盗など）を犯したときはもちろんのこと、神様から見て罪となる言動（発言や行い）、悪い性格や思想があったときも、その罪の度合いに応じて死後どこかの地獄に落とされます。

宇宙（神様）の法律によると、例えば「執念深い人」「不平不満ばかりを言う人」「人の悪口を言う人」「ウソをついた人」「わがままな人」「他人に迷惑をかけた人」「食品・物品を粗末にした人」などは、罪を犯した人として所定の地獄に落とされます。特に、この中の「わがままな人」「他人に迷惑をかけた人」「食品・物品を粗末にした人」については、「餓鬼道地獄」に落ちることになっています。[※22]

●餓鬼道地獄の様子

「餓鬼道地獄」に落とされる「他人に迷惑をかけた人」の具体例は、喫煙者です。ほとんどの読者の皆さまが、喫煙くらいで地獄に落とされるのか……と思われるかもしれません。しかし、喫煙は自分の体を害するだけではなく、周りの人々に非常に迷惑をかけます。そのため、神様から見たとき「他人に迷惑をかけた人」として喫煙も罪とされ、死後、罰せられるのです。このように、「餓鬼道地獄」は、神様からこの地獄に落ちる者が一番多いと言われているほど、とても身近な罪により落とされる地獄です。そのため、この地獄の様子を少し詳しくご紹介しましょう。

この地獄では、一人一人が洞窟の中に入れられています。そこで、お腹が減って「めしめし」といつも騒いでいます。食べ物があっても、口に入れる前に口元でこぼれてしまって食べられません。やせ細ってお腹ばかりが膨らんで苦しんでいるのです。この地獄の中でも、特に罪の深い人は裸で逆さ吊りにされています。

読者の皆さまの中にも喫煙経験者は多いのではないでしょうか。また「喫煙ぐらいで罪になるんだったら、自分の人生を振り返ると、もっと他にも罪があるのではないか⁉」と思われる方もいらっしゃるでしょう。そう思われる方は、今からでも遅くありませんので、自分のこれまでの人生を振り返り、十分に反省をしてみてください。生きているうちや死後四十九日の間に反省をすれば、情状酌量の余地がありますから……。

地獄は、現界の刑務所と比べて、はるかに厳しいところです。現界の刑務所では、例えば「懲役五年」の罪なら、その刑期さえ務めあげれば出所できます。また、刑務所内では、規律正しい生活や一定の作業を強いられますが、何かつらい苦しみが与えられるというわけではありません。しかし、地獄には刑期というものは存在しません。地獄に落ちた人は、本当に心の底から生前の罪を反省しないと、地獄から決して抜け出せないのです。そのため、ミソギの期間が軽く数百年に及ぶ場合もあります。

また、さらに厳しいことに、地獄ではとてもつらい苦しみ、例えば「極寒地獄」なら氷漬けの寒さ、「餓鬼道地獄」なら空腹の苦しみが与えられ、そのような苦しみの中で心から反省しなければならないのです。しかも、幽体を利用している死者は死ぬことが許されません。どんなにつらく苦しくても、それに耐えて自分の罪をミソガなければならないのです。このようなお話をすると、「地獄は怖い」「人間を地獄に落とす神様は厳しい」と思われる方がいらっしゃるかもしれません。しかし、人間は三十回の人生修行をまっとうすれば誰でも神界（五次元）に上がります。[※23] いずれ神になるからこそ人間は厳しく罪を罰せられ、心から反省をしなければならないのです。

しかし、つらい苦しみの中でも自分の過ちや欠点に自らが気づき悟っていけば、幽界の段階を昇ることができます。そして、いつかは地獄界を抜け出すことができます。地獄界を抜け出すと、その上には地獄界以外のミソギの場として「重労働界」

「軽労働界」「読書ぐらいできる所」「ある修養ぐらいできる所」という段階が存在します。例えば、「重労働界」では、朝から晩まで汗水をたらして重労働（石運び、土運び、砂運びなど）を繰り返します。ここでは、地獄のようなつらい苦しみはありませんが、労働の喜びが一切ない大変な作業を繰り返すことにより自分の罪をミソギます。

そして、自らが気づき悟っていけば、どんどん上の段階へと昇っていくことができます。神様から見て、生前の罪を本当に心から反省し、現界に対する執着も完全に取れたと認められたときに、最後の段階である「ある修養ぐらいできる所」も終えて、ついに幽界でのミソギを終了することになります。そして、待ちに待ったふるさと「霊界」へと帰ることができるのです。

※21）正確に言うと、自殺者は四十九日目の神裁きを終えて極寒地獄に送られるわけではありません。自殺者は地縛霊となり現界の自殺場所に留まります。そして、その場所にいながらも、自殺後すぐに極寒地獄と同じ状態にさせられ苦しむのです（詳しくは、3-9節をご参照ください）。

※22）これは、宇宙（神様）の法律のほんの一例にすぎません。本書では頁の都合上割愛しますが、宇宙（神様）の法律には、どのような言動、性格や思想があった場合に罪とみなされ、どの地獄に落ちるのかということが明確に規定されています。

※23）正確に言うと、誰もが三十回の人生修行をまっとうできるとは限りません。霊界で魂と霊体が創られ、その後、十回の人生修行までは無条件に許されるのですが、十回の人生修行を経験してもまだ悪さをするような向上の見込みのない人間の魂と霊体は、神様によって消されてしまいます。

（幽界の墓場、そして霊界へ）

霊界に帰ることが決まった死者は、今まで付き添ってくれていた一人の背後霊に連れられて、幽界の一番上の段階にある自分の墓場に向かいます。墓場は大きな建物の中にあります。自分の墓には、今まで自分が何回か現界で人生修行をした際に使用した幽体が、最近の幽体を手前にして、死んだ時の姿のまま並べて置いてあります。[※24] 例えば、一番手前が武士の姿をした前生の幽体、二番目はアラブ人の女性の姿をした前々生の幽体など……さまざまな姿形の幽体が順番に並んでいます。

そして、並んでいる幽体を最近のものから昔のものへと手前から順番に見ていくと、消されていた記憶が一気にフラッシュバックのようによみがえります。例えば、前生の子ども時代の記憶、成長して武士になってから亡くなるまでの記憶、死後に落とされた地獄での記憶、霊界に戻った後の記憶など、このような記憶が並んでいる幽体を見るたびに思い出されていくのです。

そして、自分が今まで歩んできた過去の記憶をすべてさかのぼり、最後には、最初に自分の魂が霊界で創られた当時の記憶までよみがえります。こうして自分の過去の記憶がすべてよみがえったところで、今度は、今の幽体を脱ぎ、墓場の一番手前に置きます（「幽体の死」）。すると、死者の姿は本来の姿である二十代の若さの霊体に戻るのです。

本来の姿に戻った死者は、私服[※25]を着て、背後霊に連れられて霊界への入り口に向かいます。霊界と幽界の境界には塀があり、その塀に霊界への入り口となる門が存在します。門の幅は約三メートルで、金具のついた頑丈な扉と屋根がついています。守衛（霊界人の仕事）が門番をしており、背後霊に連れられた死者がやってくると、扉を開けてくれます。そして、その門をくぐりぬけて霊界に入ります。

さて、扉をくぐると、そこには霊界に住む自分の本当の家族や親族が迎えに来ており、感動の再会を果たします。すると、これまで長い間付き添ってくれた一人の背後霊は、迎えの家族や親族に死者を引き渡して別れます。長い旅路を終えて、ついになつかしの霊界に戻ってきたのです！

霊界に戻った死者の霊は、戻った日から一週間、七次元の神様から一日五時間の講習を受けます。講習の内容は、霊界の決まりやしくみ、霊界の仕事などについてです。死者の霊が現界修行や幽界でのミソギをしている間に、とても長い時間が経過してしまいました。その間に霊界の様子が変わることもあるため、このような講習に参加するのです。この講習が終わると、次回現界に再生するまで、神様の指導の下、楽しい霊界での生活が続くのです。

以上、人間の生まれる前の世界、この世に生まれてきた意味、そして死後の世界について少し詳しくご紹介しました。人間は、このようなしくみの中で生きていきます。そして、この宇宙の本当のしくみを知ると、今後どのように生きていけばよいのかが見えてくるのではないでしょうか。

※24）幽体は腐らないため、どんなに大昔に使用した幽体であっても保存されています。ただし、動物に転生した時の幽体はありません。

※25）本人の希望を聞き、背後霊が前もって霊界から持ってきてくれています。

3-8　臓器移植の問題

3-5節でも少し触れましたが、この節では、最近注目されている臓器移植の問題についてもう少し詳しくお話ししておきたいと思います。

●改正臓器移植法のポイント
（2009年7月改正⇒2010年7月から施行）

	改正前	改正後
年齢	15歳以上のみ	年齢制限なし（生後12週未満を除いて、子どももOK）
提供条件	家族の同意を得るとともに、書面による本人の意思表示（ドナーカード）が必要	家族の同意が得られれば、本人の意思が確認できなくてもよい（ドナーカード不要）
脳死の位置づけ	本人に臓器移植の意思がある場合にのみ人の死	脳死＝人の死

二〇〇九年七月に臓器移植法が改正されました。脳死を「人の死」とすることを前提に臓器提供の年齢制限が撤廃されたのです。

ここで、そもそも脳死とはどのような状態であるのかをご説明しましょう。

脳死とは、簡単に言うと、すべての脳（大脳、小脳、脳幹など）の機能が停止しており、回復の見込みがない状態のことです。ここで、大切なことは、脳幹の機能が停止していることです。

脳幹は、呼吸、心臓運動など、人が生

●脳の簡単な構造

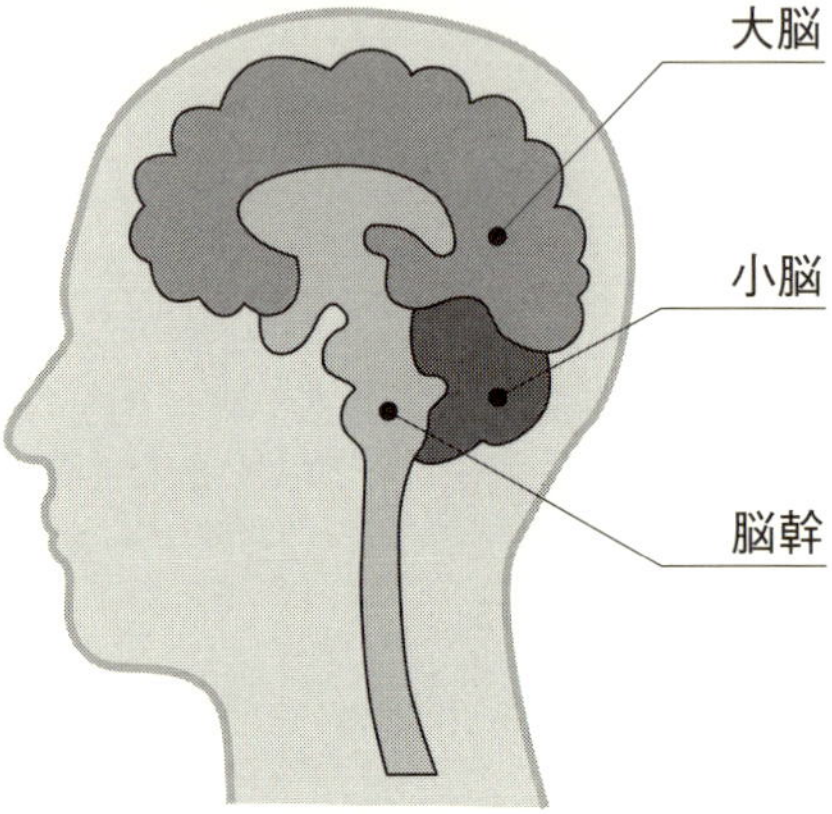

きるために最も大切な機能を制御しています。このため、脳死状態に陥って脳幹の機能が停止すると、人工呼吸器を取りつけない限りは、まもなく呼吸が止まり心臓死に至ります。

逆に言うと、脳死患者は、たとえ脳幹の機能が停止していたとしても、人工呼吸器を取りつけて呼吸をすれば、心臓や他の臓器の機能は正常に働き、長期間寝たきりで生き続けることができるのです。このような患者の場合、脳以外の機能は完全に生きていますので、体内には血液が流れ、体は温かい状態です。そして、汗をかき、排せつもしますし、髪の毛や爪も伸び続けます。

例えば、二〇〇九年五月の新聞報道では、かつて脳死状態の母親の看病をした五十歳の男性の話として、「母に昼夜付き添って驚いたのは、私がやがて来る別れを悲しんで涙を流しているとき、息子の思いに応えるかのように母が何度か涙を流したことだった」と紹介されています。また、二〇〇九年六月の新聞報道によれば、脳死状態で寝たきりの一歳七カ月の女の子の両親について、「いつも寝ているように穏やかな表情だが、両親には日々の表情の違いが分かる」と紹介されています。果たして、このような状態の患者から臓器を摘出することはよいことなのでしょうか。

神様は、はっきりと言われています。

「脳死状態の患者は、まだ生きています――」

脳死状態では、口を開いて話をしたり、身振り手振りにより意思表示をしたりすることができないため、医師や看護師を含めて多くの方が、患者は意識がなく死んだも同然と思われるかもしれません。しかし、実際には、脳死状態の患者は生きており、はっきりと意識が存在するのです。

〈脳死状態は、金縛り状態と同じ〉

読者の皆さまの中にも、金縛りを経験された方がいらっしゃるかもしれません。金縛りとは、主に就寝中に意識がはっきりしていながらも体を動かすことができない状態（つまり、耳は聞こえますが、手や足を動かすことも、目を開けることも、口を開いて話すこともできません）を意味し、体が締め付けられるような感覚から、このように呼ばれています。

分かりやすい例えとして、脳死状態はこの金縛り状態と同じようなものであるとお考えください。つまり、脳死状態では、魂と霊体は正常で意識もはっきりしているのですが、肉体を使うことはできないのです。このように、脳死状態の患者が臓器を摘出されるということは、金縛り状態において無理やり体を引き裂かれ臓器を取り出されることと同じことなのです。

もちろん、医師や看護師の会話は聞こえていますので、自分の臓器が移植されることは理解しています。「臓器を取らないでくれー」「やめてくれー」と心の中で叫んでいるものの、金縛りにあっているためなすすべがない……そういった状態なのです。そして、体を引き裂かれ臓器を取り出された際の激しい苦しみは、死後に使用する体である幽体にも引き継がれます。臓器を取られる脳死患者は、このような状態にあるのだということをぜひ知っておいてください。

また、３‐５節でご説明したように、脳死ではなく心臓死であったとしても、死亡直後には肉体（遺体）と幽体はまだ霊線でつながっているので、正確には本当の死ではありません。そのため、心臓死直後に解剖や献体、臓器移植などで遺体に傷がつけられた場合、幽体にも傷がつき、その痛みや苦しみが幽体にも引き継がれます。死者は、自分の遺体の上約六十センチメートルの位置から遺体が傷つけられる様子を見ながら、壮絶な苦しみで顔をゆがめているのです。

繰り返しになりますが、「人間は死んだら終わり」ではないのです。死んだ後、何十年、場合によっては何百年と続く長い長い幽界でのミソギが待っています。その間中、肉体を傷つけられた痛みや苦しみの中で過ごさなくてはならないのです。

また、心臓や腎臓などの臓器だけでなく、アイバンクに眼を提供することも同じです。幽界で目が見えない不自由を抱えたまま、つらくて長いミソギの日々を送っていかなければならないのです。

3-9　自殺について～今を生きることの大切さ～

現在、世界中で年間百万人以上、日本だけでも年間三万人以上の人々が自ら命を絶っています。一日にすると、日本では百名近くの人が自殺をしている計算になります。そして、その背後には自殺未遂者がその十倍は存在すると言われています。

健康不安、経済的な問題、家庭の問題、仕事の悩み、恋愛の悩み、学校でのいじめなど、自殺理由はさまざまですが、多くの自殺者は、現状から逃げ出して「死んだら無になる」あるいは「死んだら楽になれる」といった気持ちを抱いていたのではないでしょうか。しかし、本書を通して私が一貫して訴え続けていることは、「人間は死んだら終わりではない」そして「死んだからといってすぐに楽になるわけではない」ということです。ですから、自殺は決してしてはならないのです。

2-3節でもご説明したように、自殺者の幽体には死の直前の肉体の苦しみが引き継がれています。以下に、神様から教えられた自殺者（幽体）の死後の様子をご紹介します。神様は、自殺者の様子を見せてやれるものなら、人間に見せてやりたいと言われています。それを見たら絶対に誰も自殺しないでしょうから……。

手首を切って自殺した人は、その傷口がとても痛いのです。幽体における傷の痛みは、生前の何倍にもなります。そのため、自殺者は、血を流しながら、あまりの痛みに地面をはって苦しんでいます。

首つり自殺で死んだ人は、首に巻かれた紐やロープなどをとろうとして、首をかきむしるような動きを何度も何度も繰り返しながらのたうちまわって苦しんでいます。

入水自殺をした人は、息ができない苦しみがずっと続いて転げまわって苦しんでいます。

列車に飛び込み自殺をして遺体がバラバラになってしまった場合、幽体もバラバラの状態になっており、とても悲惨な状態です。

最近、硫化水素を吸って自殺する人が増えています。これだと楽に死ねると思っている人が多いようですが、とんでもありません。硫化水素自殺者は、死の直前、体が溶けるような痛みを感じます。生きたまま体が腐っていくような痛みが全身を襲うのです。

また３‐７節でもご説明したように、自殺は、どんな理由があるにせよ神様から見ると最大の罪になります。そのため、死後、さらに極寒地獄と同じ状態にさせられ、凍える寒さの中で体が硬直して非常に苦しみ続けます。

実を言うと、自殺者にはまだ苦しみがあるのです。変死者（自殺や他殺、事故死などで死亡した人）の幽体は、神様により死んだ場所に縛られてあまり動けないようにされています（動けても、死んだ場所から半径五十メートル程度）。これを地縛霊と呼びます。地縛霊には、通夜や葬儀、四十九日目の神裁きも関係ありません。地縛霊は、基本的に永遠にその場所に縛られていて浮かばれないのです[※26]。そのため、戦国時代の戦場跡には、目には見えませんが、何百年とその場で苦しんでいる地縛霊が多数います。

また、交通事故地で同じような事故が繰り返し起こることがあります。これは、最初の事故で亡くなった方の地縛霊が、その場で苦しく寂しいため他人を引きずり込んだ結果として生じているのです。なお、地縛霊は、神裁きを受けなくても、変死後すぐに、その場で地獄と同じ状態にさせられることになっています。地獄の種類はその人の罪によって異なりますが、自殺者の場合は、前述したように極寒地獄の状態にさせられます。

このように、自殺者は、「死んだら無になる」あるいは「死んだら楽になれる」どころか、「死後の幽体にも引き継がれる死の直前の苦しみ」「極寒地獄と同様の凍える寒さの苦しみ」「地縛霊となりその場所に縛られる苦しみ」、この三重苦を味わっているのです。大抵の自殺者は、この三重苦の中でうめきながら、自ら命を絶ったことを大変後悔しているのです。

しかし、人間は人生の途中に数多くの悩みや苦しみに遭遇するものです。時には自殺をしたくなるほどの悩みや苦しみに直面することもあるかもしれません。そのようなときは、どのように生きていけばよいのでしょうか？

そのようなときは、なぜ自分が悩んだり、苦しんだりしなければならないのか、その意味を考えてみてください。以下にご説明する意味のどれかには当てはまるものなのです。

※26）講演活動のために全国各地を訪れた際、「変死した身内や知人を救えないでしょうか？」

という質問を、私はよくお受けします。実を言うと、地縛霊を救う方法はあります。しかし、これは、その人その人によって異なる場合がありますので、本書では一概には答えられない問題です。

〈これまでの生き方の反映〉

あなたの今の悩みや苦しみは、元をたどると、これまでのあなたの行動や性格に起因していることが多いものです。つまり、あなたのこれまでの生き方が、現状として反映されているのです。

例えば、あなたが今、借金苦で悩んでいるとしましょう。しかし、それはやはり、あなたの無計画な性格や浪費癖にも原因はあるのではないでしょうか。もちろん、すでに作ってしまった借金は仕方がありませんが、これからはそのような性格や癖を直していくことが大切です。また、あなたがいつも暗く、自分を責めてしまうような性格の場合、どんどん状況は悪くなるものです。これからは逆に、ありのままの自分を認め、常に前向きに生きていくような性格に変えていけば、知らない間に悩みや苦しみから解放されるものなのです。

（神様により与えられた試練）

本書で繰り返しご説明してきたように、現界は魂を磨くための修行の場です。そのため、神様があなたの魂を磨くために、あえて悩みや苦しみといった試練を与えている場合があります。だから、長い人生では、楽しいことやうれしいことよりも悩んだり苦しんだりすることの方が多いものです。神様は、そんなあなたの様子を温かく見守っていて、何としても試練を乗り越えて魂を成長させ、現界での修行をまっとうしてほしいと願っているのです。

（過去生での生き方の反映）

あなたがこれまでに何回か繰り返してきた現界での人生修行は、決して別個のものではありません。今生、前生、前々生……そして来生も、あなたのすべての人生はつながっているのです。今生のあなたの現状には、前生や前々生でのあなたの生き方が深く関わっています。例えば、あなたが前生において人を苦しめていれば、その報いとして、神様は今生は逆にあなたに同じ苦しみを与えます。このように、過去生でのあなたの生き方が今生に反映されているのです。

このようなお話をすると、「過去生のことを今更言われても記憶にありません。いったいどうすればよいのか?」と思われる方が多いものと思います。確かに、それはそのとおりです。しかし、過去生での生き方が今生に大きく関わっているように、今生での生き方は来生のあなたの人生に大きく影響してくるでしょう。

例えば、もし今生のあなたには不幸が多く、恵まれていない境遇であったとしても、そのような境遇の中で必死に人のために生き続けていけば、神様は、来生のあなたの人生を幸せな境遇へと導いてくれるでしょう。大切なことは、どんな悩みや苦しみがあったとしても、それを受け入れて今を頑張って生きることなのです。それが、今後の人生や来生での幸せへとつながっていくのです。この事実を決して忘れないでください。

この章では、人間の生まれ変わりのしくみについて詳しくご説明させていただきました。読者の皆さまの中には、このしくみの壮大さに驚かれた方も多いことでしょう。私たちは、日々、さまざまな悩みや苦しみに直面しています。病苦や生活苦、将来への不安、家庭の悩み、恋愛の悩み、職場や学校での悩み……。

しかし、神様により支配されたこの壮大なしくみの中では、これらの悩みや苦しみは、どれをとっても、とてもちっぽけなことのように思えてくるのではないでしょうか。はるか昔、自分の魂が霊界で創られ、その後、何回も現界での人生修行を繰り返す……そのうちのたった一回の人生修行における、ほんの一瞬の悩みや苦しみにすぎないのです。そして、そのような悩みや苦しみを乗り越えることにより魂を磨き、人生修行をまっとうする……それを三十回経験すれば、誰でも神界に行き、神になることができるのです。

「私たち人間は、この壮大なしくみの中で神様によって生かされている……」

読者の皆さまは、日々、このことを意識して今後の人生を送ってください。そうすれば、きっと何かが変わってきます。ちっぽけなことに悩まず、いきいきとした人生を送れるようになるでしょう。場合によっては、今までの自分の生き方を反省して悔い改めることにより、人生が好転することがあるかもしれません。本書をお読みになり、できる限り多くの方の人生に変化が現れることを願っています。

第4章

地球・人類の未来

4-1　地球の現状

最近、気候がおかしくなった、あるいは自然災害が多くなったと感じている方が多いのではないでしょうか。

（気候の大変動）

二〇〇九年、全国的に梅雨明けが遅れました。特に北陸や東北地方などでは、例年では七月末には梅雨明けするところを、八月中旬までくもりや雨の日が多く、ぐずついた天候になったため、結局、梅雨明けの時期が特定されませんでした。また、二〇一〇年夏の日本列島は、記録的な猛暑に襲われました。残暑の時期になっても異常な暑さが続き、秋の訪れをなかなか感じられませんでした。このように、季節の変わり目が不鮮明になってきています。

近年、異常気象は世界中で発生しています。この地球上のある所では熱波、またある所では寒波という両極端な現象が見られます。例えば、二〇〇三年夏には、ヨーロッパを記録的な熱波が襲いました。フランスやドイツなどで、エアコンのない建物に居住する高齢者を中心に、死者は五万人を超えました。一方、二〇〇八年一月から二月にかけて、中国を大寒波が襲いました。豪雪により高圧送電線が切れて停電になるなど、ライフラインにも影響を及ぼしました。この寒波による死者は百名以上、被災者は一億人以上にのぼると言われています。

熱波や寒波は二〇一〇年にも発生しています。熱波がロシアを襲い、ロシア西部やシベリアを中心に百三十年の観測史上で最高の猛暑となりました。なんと一日の平均気温が平年より九～一〇度も高い状態が長く続いたのです。この猛暑により、暑さをしのごうと水浴びをしていて水死したロシア人が実に二千人以上にのぼるという異常事態となりました。一方、同じ時期に冬を迎える南半球では記録的な寒波に見舞われました。南米のボリビアでは過去に降雪記録がない地域で雪が降り、チリでは各地で吹雪による停電で交通が止まり、町が孤立しました。ブラジル西部の州では寒さで家畜二万七千頭が死亡したという報道もされています。

熱波や寒波だけが異常気象ではありません。この地球上には、大干ばつや砂漠化が進行している所もあれば、豪雨が発生している所もあります。特にここ数年、ゲリラ豪雨という言葉をよく耳にするようになりました。局地的に激しい雨が降ることにより、低い土地の浸水や土砂災害、河川の急な増水が全国各地で発生していま す。また、豪雨による洪水や土砂災害は、日本に限らず世界中で発生しています。例えば、中国では二〇一〇年六月中旬から記録的な豪雨が続き、大洪水が発生しました。その濁流により町が飲み込まれ、建物が倒壊するなど甚大な被害を及ぼしました。

洪水や土砂災害を発生させるのは、ゲリラ豪雨だけではありません。ここ数年、巨大化した台風による被害が世界中で激増しています。例えば、二〇〇五年八月末には、アメリカ合衆国南東部を超大型ハリケーン「カトリーナ」が襲いました。ルイジアナ州のニューオーリンズでは、「カトリーナ」の影響により湖や工業水路の堤防が決壊し、その結果、市内の陸上面積の八割が水没しました。そして、遺体が水面を流れているという悲惨な光景が広がっていました。二〇〇九年八月には、大型台風八号が台湾に上陸し、土砂崩れや洪水など甚大な被害を与えました。死者・行方不明者は六百名を超え、地元メディアによれば「台湾南部では過去五十年で最悪の台風被害」と言われています。

〈巨大地震の続発〉

ここ数年間に日本国内で大地震が何度も発生しています。例えば、二〇〇七年には震度五以上の地震が能登半島地震や新潟県中越沖地震など八回、二〇〇八年には岩手・宮城内陸地震など六回も起きています。

一方、海外に目を転じると、今までは何十年に一回の頻度でしか起こらなかったような巨大地震がここ数年で続発しているのです。二〇〇四年十二月二十六日、インドネシア・スマトラ島のアチェ州沖でマグニチュード9・1〜9・3程度と推定される巨大地震（スマトラ島沖地震）が発生しました。このマグニチュードは、一九〇〇年以降における世界で二番目に大きい規模であると言われています。そして、この大地震により発生した大津波（インド洋大津波）がインドネシアやタイ、マレーシア、インド、スリランカ、モルディブ、さらにはアフリカ大陸まで到達し、インド洋沿岸諸国に被災者二百万人以上、死者・行方不明者約二十三万人という未曾有の被害をもたらしました。この地震と津波の死者・行方不明者数は、一九〇〇年以降に地球上で発生した自然災害の中で三番目に多いと言われています。

また、二〇〇八年に中国の四川省で大地震が起き、実に八万人を超える人々の命が奪われました。二〇一〇年にも大地震が続発しました。一月にはハイチ地震が発生して死者が実に約二十万人にのぼり、スマトラ島沖地震に匹敵するような被害を与えました。また、二月には、マグニチュード8・8と推定されるチリ地震が発生

●スマトラ島沖地震で起きた地割れ（アチェ州内陸部）

●被災から三日目の遺体仮安置場の様子
（津波から数週間は、運んでも運んでも町に遺体が残り、強烈な臭いを放っていた）

しました。そして、四月には中国の青海省でも大地震が発生し、多くの人々が亡くなりました。二〇一一年にも大地震は続きました。二月にはニュージーランド南島のクライストチャーチで発生したマグニチュード6・1の地震（ニュージーランド地震）により、多くの日本人留学生が犠牲になりました。また、三月十一日に発生した東北地方太平洋沖地震では、日本の観測史上最大の規模、マグニチュード9・0を記録しました。この地震とそれに伴って発生した津波および余震によって引き起こされた災害（東日本大震災）により、死者・行方不明者は、約二万人にのぼりました。

〈巨大噴火の発生〉

二〇一〇年春にアイスランドのエイヤフィヤトラヨークトル氷河の火山が、実に一八二三年以来の噴火をしました。火山の噴火口は三百メートルの厚さの氷河の下にあり、解けた氷河の水がマグマと接触して水蒸気爆発を起こしたとみられています。また、解けた氷河の水が元で大規模な洪水が発生しました。大量の火山灰の影響で、北西ヨーロッパ全域の空の便が大混乱に陥りました。同じく二〇一〇年の八月には、インドネシアのスマトラ島北部において、長らく休火山に分類されていたシナブン山が約四百年ぶりに噴火し、数万人の周辺住民が避難を余儀なくされました。また、日本においても二〇一一年二月に鹿児島県と宮崎県の県境に位置する新燃岳が噴火をしています。

以上、近年に発生した自然災害のいくつかをご紹介しました。近年だけでこれだけの数の大規模災害が発生しているという事実に驚かれた方が多いのではないでしょうか。またさらに驚くべきことに、二〇一〇年以降には特に多くの自然災害が世界中で発生しているように思われます。次頁に、二〇一〇年以降に発生した主な大規模災害を一覧にまとめましたので、ご覧ください。

なお、この一覧でご紹介した自然災害は二〇一〇年以降に地球上で発生した災害のごく一部にすぎません。ごく一部であっても、これほど多くの災害が発生しているのです。

2010/10	インドネシアのスマトラ島沖でM7.7の地震（M6.1の余震もあり）が起き、大津波が発生（死者・行方不明者500人以上）
	インドネシアのジャワ島中部のムラピ山が噴火し、数十万人の住民が避難
	鹿児島県の奄美大島で観測史上最高の豪雨
2010/12	ヨーロッパが異例の寒波に見舞われ、各空港が閉鎖
	イラン南東部でM6.5の地震（建物の倒壊により、多数の人が生き埋め）
2011/01	インドのニューデリーで40年ぶりの寒波（死者多数）
	スリランカで豪雨被害（被災者100万人超）
	鹿児島県と宮崎県の県境にある新燃岳が噴火
2011/02	オーストラリアに超大型サイクロン「ヤシ」が上陸
	ニュージランド南島のクライストチャーチで発生したM6.1の地震（ニュージランド地震）
2011/03	東日本大震災（M9.0の東北地方太平洋沖地震とそれに伴う津波および余震）
2011/04	アメリカ合衆国中南部（アラバマ州等）を襲った竜巻を伴う暴風雨により、死者300名以上
2011/05	アメリカ合衆国ミズーリ州で竜巻が発生（死者100名以上）
2011/06	チリ南部のプジェウエ火山が半世紀ぶりに噴火
	中国内陸部で1週間以上も続く豪雨（死者100人以上、5万5000人以上が避難）
2011/07	インドネシアのロコン山が大噴火（火山灰や溶岩が地上1500メートルまで噴き上げられた）
	ロシア中部で熱波（ボルゴグラードでは3日連続して気温が40度超）
2011/08	イラクのバグダッドや南部地域で気温が50度超
	アメリカ合衆国東部バージニア州を震源とするM5.8の地震（東海岸を襲った地震としては、数十年で最大規模）
	ハリケーン「アイリーン」により、アメリカ合衆国やカナダで死者40人以上
2011/09	台風12号により、奈良・和歌山を中心に大きな被害（河川の氾濫、土砂崩れなどにより死者50人以上）
2011/10	タイで記録的な洪水被害（国土の約3分の1が水没）
	トルコ南東部でM7.2の地震（死者多数）

この一覧は、さまざまなメディア（新聞、インターネットなど）を通した最新の報道に基づいて作成されていますが、場合によっては、時間の経過とともに災害の規模や死者・行方不明者数が変動する可能性があります。

●2010年～2011年に発生した主な大規模災害

発生月	災害の概要
2010/01	中国北部が寒波に見舞われ大雪（北京では氷点下16度を記録）
	南米コロンビアの活火山ガレラス山が噴火し、8000人以上の住民が避難
	ハイチでM7.0の地震が発生し、約20万人が死亡（ハイチ地震）
	ヨーロッパ各地で大寒波により死者多数（東欧では氷点下35度を記録）
2010/02	ブラジルのリオデジャネイロにおいて過去50年で最悪の熱波（気温46.3度を記録、体感温度は50度以上にのぼり、多数の高齢者が死亡）
	チリでM8.8の地震（チリ地震）
2010/03	ウガンダ東部で集中豪雨による地滑りが発生（複数の村が土砂に埋まり、死者80人以上、行方不明者約400人）
	台湾南部でM6.4の地震（高雄地区では過去100年来で最大規模）
	中国南西部で100年に一度の大干ばつ（2000万人以上が飲料水不足に直面）
	アイスランドのエイヤフィヤトラヨークトル氷河付近の火山が1823年以来の噴火（その後、4月と5月にも噴火があり、氷河の溶解による大規模な洪水が発生）
2010/04	中国青海省でM7.1の地震が発生し、2500人以上が死亡
	インド各地で季節外れの熱波により死者多数（ニューデリーでは43.7度を記録）
2010/06	大型台風「アレックス」がメキシコ北東部のタマウリパス州に上陸（州都シウダビクトリアの住民25万人のほぼ全てが停電と断水に見舞われる）
2010/07	南米全域で大寒波（アルゼンチンでは氷点下14度を記録、ボリビアでは通常なら20度以下に下がることのない熱帯地域でも0度近くまで気温が低下）
	ロシアで記録的な猛暑（モスクワでは観測史上最高の気温を記録、森林火災や水死者が相次ぐ）
	中国広域で豪雨や洪水が発生（長江流域を襲った洪水や土砂崩れにより死者多数、吉林省で洪水により3万人が孤立など被害甚大）
	パキスタン北西部で80年ぶりの大規模洪水が発生（パキスタン大洪水）
2010/08	中国でさらに豪雨被害が相次ぐ（北西部の甘粛省では土石流による死者1200人以上、遼寧省では北朝鮮との国境にあたる鴨緑江が氾濫して住民約25万人が避難など）
	パキスタン大洪水の死者が増え続ける（死者3800人以上、被災者1700万人以上）
	インドネシアのスマトラ島北部のシナブン山が約400年ぶりに噴火

（さまざまな感染症の発生）

エボラ出血熱、デング熱、エイズ（後天性免疫不全症候群）、サーズ（重症急性呼吸器症候群）……など、人類はこれまで多くのウイルス感染症を経験してきました。そして、近年は、新型インフルエンザ（H1N1型）や口蹄疫が発生し、ウイルス感染症は私たち日本人にも身近になってきています。また、ウイルスによる感染症以外に、最近、抗生物質がほとんど効かない新たな細菌（いわゆる「スーパー耐性菌」）による感染症の発生も報告されています。さまざまな感染症の今後の動向については、4-5節でさらに詳しくご説明いたします。

4-2 地球・人類の進化に向けて

これらの気候変動や自然災害の続発、さまざまな感染症の発生は、現代の文明が、ムー文明末期と同じように最終局面を迎えていることを示唆しています。今まさに、神様による地球と人類の二度目の大掃除が行われようとしているのです。

今後、大規模な自然災害やさまざまな感染症がさらに続発することにより多くの人々が命を落とし、この地球文明はいったん幕を閉じます……。このように言われても、ほとんどの皆さまは、信じられない、あるいは信じたくないと、お思いのことでしょう。自分にとって嫌なことは、信じたくない、忘れてしまいたいと思う気持ちがわいてくるのは、人間にとって自然な感情であるからです。しかし、本書ではあえて何度も言っておきます。実際に、この地球文明は幕を閉じます。

しかし、これは決して悪いことではありません。今、神様は、地球と人類をいったん大掃除して新たな段階へと進化させようとしているのです。つまり、現代文明の滅亡は、地球や人類をよくするためにはどうしても避けることができない生みの苦しみなのです。

地球は今、ボロボロの状態で悲鳴をあげています。過剰なまでの森林破壊や化石燃料の採掘、そして工場からの排ガスや廃液等による大気、水質、土壌汚染など、私たち人間は、地球を破壊し過ぎたのです。二〇一〇年春にメキシコ湾で発生した原油流出事故を覚えていらっしゃるでしょうか。この事故では、最大で一日あたり約九百八十万リットルという膨大な量の原油が流出し、メキシコ湾沿岸の生態系に甚大な被害を与えました。特に、原油流出が起きた油井(ゆせい)に最も近い陸地であるアメリカ合衆国ルイジアナ州の湿地帯では、ペリカン、アザラシ、カモメなど、さまざまな動物が油まみれになっていることが確認されました。[※27]

神様は、この事故のことを、地球を人間に例えて、動脈が破裂して血が止まらなくなったようなものだと言われています。人間で言えばそれほどの大ケガなのです。この事故に関するテレビや新聞の報道を見れば、地球環境や生態系の破壊がすでに人間には手の施しようのない段階に入っていることが理解されます。そして、人間の手ではどうしようもなくなった地球は、これから神様の手によって新たに創り直されようとしているのです。そして、神様によって創り直された後の新生地球は、かつてのような美しい自然を取り戻していることでしょう。

新たに創り直されるのは地球だけではありません。人類の文明も新たに創り直されます。

第一章の最後でご説明したように、現代の人間の心が悪くなった一番の原因は、人間が神様の存在を忘れ、自分たちの力を過信し、目に見えるこの世だけがすべてであると勘違いしてしまったからです。そのような人間を戒めるために、神様は今後、大規模な自然災害やさまざまな感染症を続発させます。そのような状況の中、神様を信じる心のきれいな一部の人々のみが、神様によって選ばれて生き残ります。そうして生き残った人々が、いつか新生地球上でまた新たな文明を築きあげていくのです。

その文明は現在のような物質文明ではありません。心の文明と呼ぶべきものとなるでしょう。生き残った人々は、神様や目に見えない世界の存在を信じますので、悪いことはしません。もちろん、自分さえよければ、もうかれば何をしてもよいという自己中心的な生き方もしないため、二度と地球をけがすことはないでしょう。
そのため、この世はさながら天国のような素晴らしい世界となるのです。以上のように、現代文明の滅亡はやがて訪れる光輝く未来への第一歩となるのです。

では、現代文明の滅亡のシナリオは、今後、具体的にどのように進行していくのでしょうか？

そのことについて神様から詳しく聞かされています。
地球温暖化の今後は？
巨大地震、巨大噴火はどこでどのように発生するのか？
今後の世界の経済や社会情勢は？
新型インフルエンザなどの感染症の動向は？
など。

次節以降では、そのうちのごく一部をご紹介させていただきます。ただし、これからご紹介する内容は、二〇一一年十月時点での神様の予定（計画）であるとお考えください。神様は、その時々の人間の状態を常に観察して把握されています。人間の状態とは、世界中の国々の政治や社会状態から、この地球上に住むすべての人々の心の中の状態まで多岐にわたります。これらの状態を事細かく把握された上で、神様は文明最後の日に向けたシナリオを決められるのです。そのため、現段階の予定（計画）は、今後、多少は変更される可能性もあります。[※28]

現在の地球上における人間の状態を省みてください。世界中で民族紛争やテロなどの争いが絶えません。また、個人レベルでも、自分さえよければ他人はどうでもいい、とにかくお金をもうけたいといった自己中心的な心を持った人が増えてきています。これが、現在の人間の状態なのです。

しかし、今後、このような人間の状態が多少でも改善されていくのであれば、神様は予定を変更され文明最後の日を遅らせてくださいます。そして、最後の日が遅くなればなるほど、世界中でより多くの人々がこれまでの自分の過ちに気づき、心を改めていきます。そのような人々が増えれば増えるほど、この文明滅亡を乗り越えて生き残る人々が増えることになるでしょう。第二章のはじめでもお伝えしたように、これこそが本書の目的なのです。

※27）二〇一〇年七月十五日の報道によれば、油田を操業している英BP社は、流出個所に新たに設置した「ふた」により、原油流出がほぼ止まったことを明らかにしました。その後、九月には油井を完全に封鎖することに成功しました。

※28）全国各地で開催されている講演会では、その時々の神様の予定（計画）をリアルタイムで皆さまにお伝えしております。最新の情報をお知りになりたい場合は、ぜひ講演会にご参加ください。

４-３　今後の地球環境〜気候変動や自然災害〜

（地球温暖化と気候変動）

神様の予定（計画）によれば、まず、地球温暖化は、ある時期から科学者の予想をはるかに超えるスピードで進行していきます。そして、地球温暖化の進行に伴い、今後、地球規模でさらなる気候の大変動が起こるでしょう。

毎日、強風、時には突風が吹き荒れ、南極の氷が解け、水面が上昇したところへ突風により津波も発生する。このように、気象が荒れ狂う時代が来ます。そして気象が急激に変化するため、天気予報が困難となります。また、時に突風が発生し、世界的に飛行機の墜落事故が相次ぐことになるでしょう。こうなると、さすがに誰もが不安な気持ちになります。いくら自然エネルギーを利用して地球温暖化を食い止めようなどと温暖化対策を話し合ったとしても、人間の力では歯止めがきかず、もう手遅れなのです。このような時代がいつかは来ることを神様は明言されています。

日本においても異常気象は年々顕著になります。突然の雷やゲリラ豪雨がこれまで以上に頻繁に発生し、洪水や土砂災害が増加していくでしょう。また、これまで日本ではほとんど見られなかった大型の竜巻が発生し、人や車、住宅などに被害を及ぼします。[※29]

また、四季の違いが一層不鮮明になっていきます。そしていつかは、真夏にもかかわらず、突然、雪や雹（ひょう）が降ります。夏でもコートや暖房が手放せないという時代がやってきます。昨日はとても暑かったが、今日はとても寒いというように、日々の温度変化が激しくなります。さらに、一日の中でも昼と夜の温度差が激しくなります。急激な温度変化に体がついていかず、体調を崩す人もたくさん出てくるでしょう。

※29）このことを神様から教えていただいたのは、二〇〇九年七月一日のことです。その後すぐに、神様の予言（予定）は実現します。七月十九日夜に岡山県美作市南部で竜巻が原因と思われる突風が発生し、住宅の全壊や一部損壊、そして車が約百メートル飛ばされるなどの被害が発生しました。さらには、七月二十七日のお昼には、群馬県館林市でも竜巻が原因と思われる突風が発生し、少なくとも二十一人が重軽傷を負ったほか、乗用車や住宅が破損するという被害が報道されました。

（巨大地震や巨大噴火）

次に、神様は、世界中で巨大地震や巨大噴火を続発させることを予定されています。実際、日本では、東日本大震災以降、各地で地震が頻発しています。今後、この傾向はさらに進みます。

例えば、静岡県の駿河湾沖で必ず発生すると考えられている東海地震は、一般的にはマグニチュード8級と想定されています。しかし、神様の予定では、マグニチュード9級となり、甚大な被害を及ぼすとされています。また、東南海地震（中京~南紀）、南海地震（南紀~四国）と連動すれば、さらなる被害が予想されます。

また、首都直下型地震も発生します。もともとの神様の予定では、二〇一二年までに関東地方にマグニチュード7・2~7・4級の地震を起こす予定でした。しかし、最近になって神様は、この予定を延期すると言われました。それは、東京都やその近辺に住む人々の心が著しくよい方向へと変化してきているからだそうです。神様が言われるには、全員とは言いませんが、多くの人々が「人間にとって一番大切なこと」に気づき始めたそうです。つまり、多くの人々が、物やお金ばかりを追い求めるのではなく、人を愛すること、思いやることに目覚めてきたのです。そのため、神様は、首都直下型地震の発生を遅らせて、もう少し人間の様子を見てみようと判断されたのです。

さらに、大規模な富士山噴火が起こります。富士山噴火は、地震と連動して発生する予定です。そして、その噴火の前には昆虫や動物の異常行動などの前兆があると言われています（コラム『昆虫や動物に予知能力⁉』を参照）。

このように、巨大地震や巨大噴火などの自然災害は単なる物理現象ではありません。これらの自然災害は、神様の存在を忘れておごり高ぶった人間に対して、自分たちの無力さを教え、その過ちに気づき反省する機会を与えるための現象なのです。つまり、悪化した人間の心を戒めるための神様からの「警告」なのです。そのため、私たち人間の心がよい方向に変わっていけば、その警告を延期することもあります。

しかし、神様は、首都直下型地震を中止にしたわけではありません。そして、東海地震、東南海地震、南海地震、富士山噴火などの現象も近い将来に必ず起こすと明言されています。ただ、それらの発生をいつにするのかを決めるために、神様は今、人間の状態をじ～っと観察しているところなのです。

コラム「昆虫や動物に予知能力⁉」

「カメムシが大量発生した年の冬には大雪になる」という言い伝えがあります。そして、確かにそのとおりになることが多いのです。これはなぜでしょうか？

このことの真相について、神様が教えてくださいました。

昆虫や動物は、魂（心）がけがれていないので、予知的な能力があるそうです。人間もこの地球に降ろされた時点では、そのような能力がそのままありましたが、知識や文明が発展したため、人間の魂がくもり、予知的な能力は衰退してしまいました。

「蜂が低い場所に巣を作る年には大型台風が来る」
「火災が起こる前にその家からネズミは逃げて一匹もいなくなる」
「巨大地震や地殻の変動の前に鳥や動物が移動する」

これらも昆虫や動物に予知的な能力があることを意味している言い伝えなのです。能力が衰えてしまった人間に、昆虫や動物を使い、神様が異変を知らせているという意味もあります。カメムシを大量に発生させて「冬に雪がたくさん降るから今から準備しなさいよ」と神様が人間に知らせているのです。今後起こり得る、富士山噴火、東海地震、首都直下型地震などに備えて、昆虫や動物の観察を始めてはいかがでしょうか⁉

4-4 今後の経済・社会情勢について

二〇〇八年九月に起こったアメリカ大手証券会社リーマン・ブラザーズの破たん（リーマン・ショック）をきっかけに、日本でも不況の荒波が押し寄せてきました。その後、日本では、二〇〇九年に自民党から民主党への政権交代が実現し、当初は多くの国民が民主党政権に対して多大な期待を寄せました。

しかし、しぼんでいったマニフェスト、相次いだ「政治とカネ」の問題、普天間飛行場移設問題の迷走などにより、期待はすぐに失望に変わりました。そして現在、日本という国はさらに危機的な状況に置かれています。特に、国家財政は悪化の一途をたどっており、現在、国と地方の借金の合計はすでに一千兆円を超えています。ある意味、日本はいつ破産してもおかしくない状況なのです。また、国家財政だけではなく、少子高齢化問題、国内産業の空洞化、年金問題、教育問題、医療問題、近隣諸国との領土問題など、日本はさまざまな問題を抱えています。

一方、隣国の中国は、世界の中でもいち早くリーマン・ショックから立ち直り、高度経済成長期（バブル期）を迎えています。二〇〇八年に北京オリンピックが、二〇一〇年には上海万博が開催され、まるで戦後の日本の後を追うような高度経済成長です。

今後の日本、そして世界の経済・社会情勢は、いったいどのように推移していくのでしょうか?

このことについて、神様から以下のお言葉を頂きました。

『中国のバブル期は長くは続かない。その後、インドにもバブル期が来るが、結局は崩壊する。そして、すでに世界は大恐慌期に入っている。今後、予想もしていなかった出来事が次々と起こってきて、貨幣価値が下がるというより、なくなる。お金をいくら持っていても意味がなくなり、お札で鼻をかむにしてもごわごわして鼻が痛く、ティッシュペーパーの方が役に立つ。地球温暖化の影響で世界的な食糧難となってからでは、お金の価値がないに等しい……』

このように、今後、世界の経済・社会情勢はどんどん悪化していきます。そして、やがて食糧難の時代がやってきます。日本も例外ではありません。実際、4 - 1節で説明したように、二〇〇九年夏、北陸や東北地方などを中心に八月になっても梅雨が明けず、日照不足に悩まされました。今後、さらに地球温暖化が原因とみられる天候不順が続くものと思われます。天候不順により作物が枯れ、食糧不足となっていくのです。

また、巨大噴火も食糧不足を招きます。まず、噴火により大量に放出された火山灰（エアロゾル）が高度を上げて成層圏まで舞い上がり、そこで広範囲に渡って雲のような膜を作ります。その膜がまるで日傘のように太陽光を遮ります。こうして、巨大噴火の後には日陰となった地表の寒冷化が起こるのです。この寒冷化により作物が枯れ、食糧不足を招きます。

過去の火山災害としては、一七八三年（天明三年）に噴火したアイスランドのラキ火山が有名です。この噴火は、当時、北半球に寒冷化と冷害をもたらしました。アイスランド国内では、噴火後の飢饉で約二一パーセントの住民が死亡したと言われています。また、その影響は遠く日本にまで及び、同年に発生した浅間山の噴火とともに東北地方での天明の大飢饉の原因となったと指摘されています。

このため、二〇一〇年春に噴火したアイスランドのエイヤフィヤトラヨークトル氷河の火山も、このような寒冷化や冷害を引き起こすのではないかと懸念されていています。実際、このアイスランドの火山については、神様から以下のお言葉を頂いています。

『アイスランドの火山が噴火した……その噴火一つで、あなた方人間が作り上げた文明の利器は、使えなくなる。火山灰が降り、飛行機が飛べない。空の交通がマヒする。しかし、残念なことに、人間たちの興味は、なぜこのように大規模な噴火が起きたのか？　他の火山の噴火や地震へと連動していくのではないか？　という肝心な所にはなく、交通網がマヒしたことによる経済効果、いくらの損失が出るのか？と、金の心配の方にあるようだ。一瞬で紙屑となってしまう金を欲しがる人間たち。

火山灰が、さらに高度を上げて舞い上がれば、どんなことが起こるのかも考えていない。

（中略）

アイスランドの火山の噴火をさらに拡大し、連なるマグマを活発化させ、他の火山も噴火させれば、その火山灰は地球上を覆うこととなる。地球上のどこにいても太陽は見えなく、昼間も暗くなり、地球上の気温も一気に下がる。これくらいすれば、人間たちは恐怖を感じる』

このように、巨大噴火を通して私たち人間は、物やお金を追い求め、経済効果ばかりを重視してきた生き方を改めなければならないのです。

コラム「東京スカイツリー」

時として神様は、地球規模の話題だけではなく、身近な話題についてもお話ししてくださいます。本書では、神様からお聞きした多くの身近な話題のうちの一つをご紹介します。

東京スカイツリーをご存じでしょうか？

●建設が進む東京スカイツリー

東京スカイツリーとは、地上デジタル放送に伴い、ＮＨＫと民放五社が、六百メートル級の電波塔として二〇一二年春までの開業を目指して東京都墨田区に建設中の電波塔のことです。新東京タワーとも呼ばれています。現在は建設

途中にもかかわらず、日に日に伸びる高さが話題を集め、観光スポットとしても人気を集めています。神様は、首都直下型地震を二〇一二年以降に延期したため、東京スカイツリーは完成すると言われています。ただし、東京スカイツリーが完成してもよいことばかりではありません。神様は、東京スカイツリーの完成後の近未来には、電磁波の影響により、近隣の住民に、原因不明の耳鳴りや突発性難聴、脳腫瘍の患者が増えると言われています。近隣の皆さまはお早めに電磁波対策をお考えになってはいかがでしょうか⁉

4-5 感染症の今後の動向

(1) 新型インフルエンザについて

二〇〇九年四月、メキシコに端を発した新型インフルエンザ（H1N1型）の世界的大流行は、皆さまの記憶に新しいことでしょう。[※30] この新型インフルエンザの発生当初、日本各地の空港ではウイルスの国内侵入を水際で食い止めるべく、厳重な警戒態勢がしかれました。しかし、その警戒をすり抜けて、ウイルスはまず関西地方に侵入しました。大阪、神戸などの大都市では、一時、町中の人々がマスクをしている光景が見られました。

しかし、発生当初の警戒感がウソのように、その後、日本人の間で新型インフルエンザに対する警戒感が薄れていきました。それはなぜでしょうか？

これは、今回の新型インフルエンザが弱毒性であることが判明したからです。弱毒性とは、簡単に言うと、感染した場合の致死率が低いことを意味します。二〇〇九年九月三十日の新聞報道によれば、今回の新型インフルエンザの致死率は、毎年流行する季節性インフルエンザと同程度の〇・〇四五パーセントにすぎないと報告されています。今回の新型インフルエンザは、もともと豚の間で流行していた弱毒性インフルエンザのウイルスに人間が豚から感染し、その後、人間から人間に感染するように変異したものでした。

では、この弱毒性ウイルスはどうして発生したのでしょうか？

このことについて、メキシコで新型インフルエンザが発生して間もない二〇〇九年四月三十日の時点で、神様から以下のように教えていただきました。

『今回の新型インフルエンザは、いくら予行演習（練習）と言っても甘く見てはならない。ウイルスの毒性が弱いのは今現在でのこと。ウイルスというものは、生きた細胞の中で増え、生き続けるもの、そしてどんどんと変異していくものである。一つの生き物だと思えばわかりやすい。

（中略）

したがって、このウイルスがいつでも変異し、弱毒性から強毒性になることもありうる。生きているウイルスは、自分の意志があり増え続け生きているが、記憶もできる。記憶の中に抗ウイルス薬のタミフルやリレンザの特徴も記憶され、さらに変異し、その薬では死なないウイルスとなり、さらに人間や動物の生きた細胞の中で増えていく。人間たちは、自分たちの考えがこの地球上の生き物の中で一番正しいと自信を持っているが、この自信は神から見れば、実に幼稚でこっけいに見える。過信した人間たちへこのような警告を与えることにより、少しでも魂の目覚めてくる者を増やしたいと神は願う……』

この神様のお言葉を頂いた直後の二〇〇九年六月、実際に、インフルエンザ治療薬であるタミフルに耐性を持つタイプに変異したウイルスが、最初、デンマークで確認されました。その後、タミフル耐性ウイルスは、日本を含む世界中の国々で確認されています。

このお言葉の中で指摘されているように、新型インフルエンザは、過信した人間に神様が与えている警告としての疫病です。まさかそんなはずはないと思われるかもしれません。しかし、実際に、このお言葉のとおりに世の中の情勢が推移していることはまぎれもない事実です。また、今回の弱毒性新型インフルエンザは、いずれ発生すると予想される強毒性新型インフルエンザに対する予行演習（シミュレーション）でもあります。

※30）以前から講演会に参加されている方はご存じのことですが、私は、今回の新型インフルエンザ騒動が起こる一年以上前から新型インフルエンザが発生することを神様より教えられており、講演会においてその対策の重要性を訴えていました。今回の新型インフルエンザは、それが現実化したことになります。

（強毒性新型インフルエンザの恐怖）

強毒性新型インフルエンザの候補としては、さまざまな可能性が考えられます。

前述の神様のお言葉でも指摘されているように、豚インフルエンザ由来の今回の新型インフルエンザ（H1N1型）が、人から人に感染するうちに弱毒性から強毒性に変異する可能性があります。現在、この新型インフルエンザ（H1N1型）は、感染のピークを過ぎ小康状態にあります。しかし、今後毒性を強めて、感染の第二波、第三波が訪れる可能性は否定できません。

また、専門家の間では、鳥インフルエンザに由来する別の新型インフルエンザ（H5N1型など）が発生することが時間の問題だと言われています。鳥インフルエンザは、現在のところ、まれに人間に感染する程度ですが、感染した場合の致死率は六十パーセント以上という強毒性のインフルエンザです。もし鳥インフルエンザに由来する強毒性新型インフルエンザに感染したとすると、ウイルスは全身にまわり多臓器不全を引き起こします。多くの方が、高熱、せき、けいれんなどの症状とともに全身から血を噴き出して亡くなっていきます。

日本の厚生労働省は、強毒性新型インフルエンザ発生時の死亡予測として死者を約六十四万人と推定しています。これは、日本の人口約一億二千八百万人に対して新型インフルエンザの感染率を二五パーセント、致死率二パーセントとして単純に計算したものです。しかし、現在の鳥インフレンザの致死率（六〇パーセント以上）

から考えても、強毒性新型インフルエンザの致死率がこのような低い数字になるものとは思えません。なお、アメリカの保健省は、感染率が二〇～四〇パーセント、致死率を厚生労働省の十倍の二〇パーセントと想定しています。この想定を日本に適用すると、死者は六百万人以上ということになります。

通常のインフルエンザよりも重篤な症状、高い致死率をもたらす強毒性新型インフルエンザが実際に発生してパンデミック（感染爆発）を引き起こした場合は、以下のような社会機能のまひが想定されます。

●学校の休校、各種イベントの中止、企業等の事業活動の自粛
●公共交通機関の停止
●病院機能の停止（病院に患者があふれかえり、パンク状態になるため）
●食料品・生活必需品の不足（生産ラインおよび流通がストップするため）
●ライフライン（電気、ガス、水道など）の停止

　また、強毒性新型インフルエンザのパンデミックが起これば、街中に死体の山があふれかえることになるでしょう。東京都では、強毒性新型インフルエンザによる死亡者が多数発生して火葬場の収容能力を超えた場合、遺体の一時安置所として公共施設（体育館やスポーツセンター等）の利用を想定しています。さらに、一時安置所においても収容能力を超える事態が発生した場合には、十分に消毒した上で一時的に都立公園等に埋葬することも検討しています。

　では、私たちは、強毒性新型インフルエンザからどのように身を守ればよいのでしょうか？

　身を守るポイントは、「感染を家庭内に持ち込まない」「他に感染させない」ことです。そして、そのために必要なことは自宅での籠城（ろうじょう）です。新型インフルエンザの感染力はとても強力です。もし強毒性新型インフルエンザが世界のどこかで発生し、それが日本に侵入してきたとすれば、瞬く間に日本中に広がる可能性があります。そのため、強毒性新型インフルエンザの日本への侵入が確認されたとすれば、直ちに自宅での籠城を開始することをおすすめします。そして、籠城は感染が終息するまで続きますので、籠城に備えて、あらかじめ三カ月分程度の食料品や日用品の備蓄が必要です。[※31]

※31）厚生労働省は二週間分の備蓄をすすめています。また、専門家による新型インフルエンザ対策マニュアル（例えば、岡田晴恵氏監修の「新型インフルエンザ予防マニュアル」＝現代けんこう出版）などでは二カ月分を推奨している場合が多いですが、神様からは余裕を持って三カ月分は必要であると言われています。

（さらなるウイルスの恐怖）

ここまで、強毒性新型インフルエンザについて詳しくご説明しました。しかし、実を言うと、強毒性新型インフルエンザはまだ序の口なのです。強毒性新型インフルエンザのパンデミックが実際に起こると、多くの人々が亡くなり、社会は大混乱

●今後のウイルスの動向

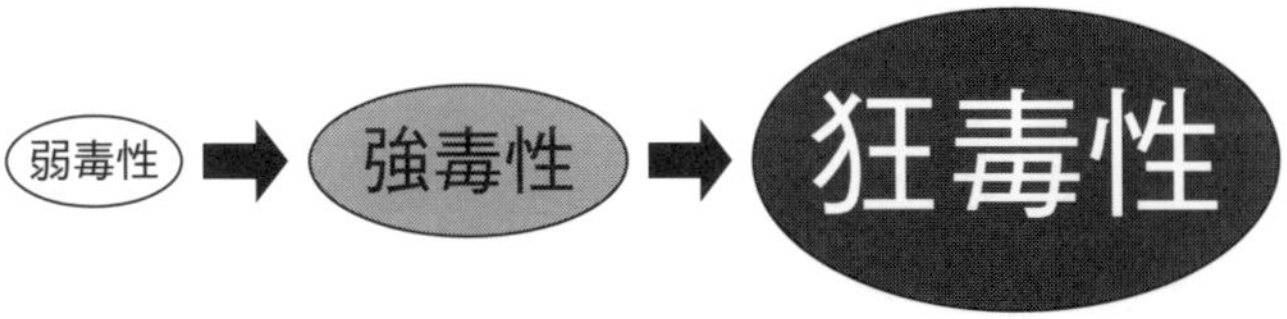

に陥りますが、ある程度の人々は生き残ります。しかし、その後、生き残った人々がまだ心を改めない場合、神様は、さらなる警告として極めて猛毒の未知ウイルスをこの地球上に発生させることを示唆されています（神様は、このウイルスのことを「狂毒性」と言われました）。狂毒性ウイルスは、タミフルやリレンザはもちろんのこと、いかなる治療薬も効かないため、感染者のほぼ一〇〇パーセントが死に至るような猛毒のウイルスなのです。

（2）口蹄疫について

二〇一〇年春から夏にかけて宮崎県の家畜に流行した口蹄疫については、新聞やテレビに大きく報道されていたため、皆さまよくご存じのことでしょう。

口蹄疫も、神様による人間に対する警告です。

口蹄疫に感染した家畜（牛や豚、ごく一部ヤギ）が見つかった地域では、まだ感染していない家畜を含めて、大量の家畜が殺処分されました。殺処分の現場はまさに地獄絵図です。殺処分は、電気ショック、薬の注射、ガスの三種類の方法で行われました。県の職員らが家畜を押さえ、獣医師が殺処分をしていくのです。

もちろん、動物にも魂があり、感情もあります。そのため、殺処分に抵抗する豚、殺処分を察して悲しい顔をする牛、ギャーギャーと悲痛な鳴き声をあげる豚などがいます。ある報道によれば、「涙を流した牛もいた」と涙ながらに報告した職員もいたそうです。まさに阿鼻叫喚（あびきょうかん）という表現が当てはまる凄惨な光景なのです。また、

●殺処分された牛の埋却（まいきゃく）作業

つらいのは家畜だけではありません。今までわが子のように大切に家畜を育ててきた生産者の方々の心中ははかりしれません。そして、仕事とはいえ、過酷な現場で殺処分をしなければならない職員や獣医師の疲労や悲しみも深いのです。

殺処分された家畜は、ブルーシートがしかれた大きな穴に放り込まれ、その上に土をかけて埋められていきました。このような凄惨な光景に対して、神様は、これは人間の将来の様子、つまり人間がウイルス感染してどんどん死んでいき、一人一人の葬儀をすることもできず、穴を掘ってまとめて埋められるか野焼きにされるしかない様子を暗示していると言われています。

（3）その他の感染症

新型インフルエンザや口蹄疫だけではなく、エボラ出血熱、デング熱、エイズ（後天性免疫不全症候群）、サーズ（重症急性呼吸器症候群）……など、これらの感染症もすべて、神様がおごり高ぶった人間に対して、その間違いに気づかせようと与えている警告です。

一般的に日本人は危機意識が低いため、これらの感染症に対してどこかに自分は大丈夫だろうという気持ちがあり、他人事的な感覚で受け止めている方が多いのではないでしょうか。しかし、これほどまでに多くの感染症が次から次に発生しているという事実を今一度真剣に考えてみてください。さらに、最近の新型インフルエンザや口蹄疫にいたっては、日本国内の自分に身近なところで発生してきています。

明日にも、この地球上で新たな感染症が発生し、その感染症に自分が感染してしまう。そんな世の中が近づいているのです……。

（４）感染症から身を守るためには？

今後発生するさまざまな感染症から身を守るためには、自分の体を浄化して免疫力を高めることが重要です。免疫力とは、簡単に言うと、人間の体の自然治癒力のことです。免疫力を高めれば、ウイルスや細菌などの侵入を防いだり、体内で発生するがん細胞の成長を防いだりすることができます。本書では、免疫力を高める三つの方法をご紹介させていただきます。

（摂取する食品に注意する）

現代の日本の食品のほとんどは、食品添加物により汚染されています。食品添加物の多くは化学物質です。これらは体内で活性酸素を発生させたり、アレルギーを起こさせる物質になったりして、体細胞を傷つける可能性があります。こうした添

●原材料表示の一例

名称	ウインナーソーセージ
原材料名	豚肉、鶏肉、結着材料、還元水あめ、食塩、植物油脂、酵母エキス、たん白加水分解物、乳糖、香辛料、しょうゆ、加工でん粉、調味料（アミノ酸等） 保存料（ソルビン酸K）、リン酸塩（Na,K）、pH調整剤、くん液、香辛料抽出物、酸化防止剤（ビタミンC）、発色剤（亜硝酸Na）、着色料（赤102、アナトー、赤3）

加物を摂り続けると、知らず知らずのうちに免疫力が低下していくのです。

では、食品添加物を摂取しないようにするためには、どのようすればよいのでしょうか？

一番重要なことは、お店で食品を選ぶ際に原材料表示を見ることです（上図参照）。そこには使用されている食品添加物も書いてあります。しかし「表示を見ても添加物についての知識がないのでよく分からない」という方が大多数だと思います。そこで「自分の知らないもの＝食品添加物」だと考えてください。食品添加物の数が少ないものを選ぶように心がけるとよいでしょう。

また、食品添加物だけではなく、米や野菜の残留農薬、抗生物質を使用して育てられた牛や豚の肉なども危険性をはらんでいます。今後はできる限り有機・無農薬の米や野菜、自然食品などを利用されることをおすすめします。

（玄米食のすすめ）

免疫力を高めるためには、ビタミン類など各種栄養成分を豊富に含んだ食物をバランスよく食べる必要があります。そのためには、「完全食」と呼ばれるほど栄養価の高い玄米は最適なのです。玄米の利点は栄養価が高いということだけではなく、その排毒作用にもあります。体内に摂り込まれている毒素（食品添加物、環境汚染物質など）を吸着して、体外に排出するのです。そうすることにより免疫力が高められます。

このように、玄米は栄養豊富な上に排毒作用もあり素晴らしい食品なのですが、よくかんで食べないと消化があまりよくないという欠点があります。できれば五十

～百回を目安によくかんで食べてください。よくかむことで、だ液の分泌が盛んになり、ペルオキシダーゼと呼ばれる酵素が発生します。この酵素はさまざまな発がん性物質を無毒化することが知られています。

また、玄米をわずかに発芽させた発芽玄米もおすすめです。ただでさえ栄養価の高い玄米を発芽させると、その栄養価はさらに高くなるのです。また、発芽玄米は、普通の玄米より消化も味もよいため、比較的食べやすいという特徴を有しています。

一日一回は、主食を白米から玄米あるいは発芽玄米に切り替えることをおすすめします。

〈一日二リットル以上の生水を飲む〉

健康な人は、一日二リットル以上の生水を飲みましょう。※32 成人の体重の約六〇パーセントは水分から成り立っています。水分を多く摂ることで、全身の細胞の新陳代謝が促され体内の老廃物が排出されやすくなるのです。生水というのは、普通の水道水[※33]で構いません。あるいは非加熱のミネラルウォーター[※34]でも結構です。いったん加熱された水では、水に含まれている酸素やカルシウムなどの無機質が減少していますので、効果が期待できません。また、電気分解水（アルカリイオン水など）のように人工的な処理が施された水は避けてください。

また、飲み方としては、朝起きた時と夜寝る前にコップ一杯ずつの生水を飲むとよいでしょう。残りはそれ以外の時に少しずつ飲み、一日の合計が二リットル以上になるようにしていただければ結構です。なお、朝起きた直後の口の中は雑菌でいっぱいですので、朝のお水は必ず歯磨きかうがいをした後にお飲みください。

以上、感染症から身を守るために、体を浄化して免疫力を高める方法をご説明しました。しかし、これらの方法はあくまでも自衛策にすぎないことをご理解ください。今後発生すると考えられる感染症は、もともとは、心が悪くなった人間に対して、神様から与えられる警告です。そのため、いくら自衛策を講じたとしても、神様から見て心が悪い人は、いとも簡単に感染していきます。

本当に大切なことは、体の浄化だけではなく心も浄化していくことなのです（心の浄化については、次節で詳しくご説明します）。心と体、この両方の浄化が伴ってこそ、私たちは今後発生するさまざまな感染症から本当に身を守ることができるのです。

※32）病気を患っている人や高齢の方は、無理のない範囲で生水を飲んでください。

※33）日本の水道水は塩素殺菌されています。浄水器を通すか、あるいはやかんにしばらく汲み置きして、塩素を除去することをおすすめします。

※34）日本製ミネラルウォーターの多くは加熱殺菌されています（まれに非加熱の場合もあります）。外国製のミネラルウォーターの多くは原水をそのままボトリングしているので、非加熱水です。

４-６　生き残るためには〜心正しく生きることの大切さ〜

これまでご説明してきたように、今後、人類は非常に厳しい時代を経験することになります。悪化し続ける地球環境や自然災害の続発、世界恐慌や食糧難の時代、そしてさまざまな感染症の恐怖……これらが一気に押し寄せてくるのです。そして、多くの人々が命を落としていきます。いやがおうでも人間の無力さを感じさせられる時がきます。

本書の読者の皆さまが一人でも多く、このような厳しい時代を乗り越え、次期文明の担い手になっていただきたいと願ってやみません。そのため、本書の最後の締めくくりとして、このような時代を乗り越えるための生き方をご紹介します。この生き方を今後の人生の道しるべとしていただければ幸いです。

〈心正しく生きるとは〉

これまで繰り返しご説明してきたように、さまざまな自然災害や感染症の続発は、ある意味、心が悪くなった人間に対する警告として、神様が起こされる出来事です。逆に言えば、このような出来事に遭遇しても生き残れる人というのは、神様から見て心が浄化された人間ということになります。

では、神様から見て心が浄化された人間とはいったいどのような人なのでしょうか?

それは、一言でいえば「心正しく生きる人」です。心正しく生きる人であれば、どんな状況に遭遇したとしても、必ず、神様から守られるのです。それでは、心正しく生きるとは、いったいどのようなことを意味するのか? 以下にご説明しましょう。

（1）物やお金を追い求める生き方をやめること

世の中には、物やお金を追い求め、自分さえもうかれば他人はどうなってもよいという自己中心的な心の人が大勢います。しかし、このように悪化した心の人々が増え、目先の利益ばかりを追い求めた結果、地球環境が破壊されたのです。今一度、地球の悲鳴に耳を澄ませ、己の生き方を悔い改めなければなりません。そして、今後は、物やお金を追い求めるのではなく、世のため人のためになる生き方をしていきましょう。そうすることにより、心が浄化されていくのです。

（2）すべての面で和をもって生きること

この世（現界）は魂を磨く修行の場です。家庭、職場、学校などすべての場所において、どのような人に対しても和をもって仲良く生きることは、魂を磨く上で最も重要なことなのです。和を保つためには、場合によっては我慢をすることが必要でしょう。思いやりや優しさも必要です。このように、すべての面で和をもって生きることにより人間の魂は格段に向上するのです。

（3）自己改革の生き方

人間であればどんな人であっても、多かれ少なかれ悪い癖や性格を持っているものです。また、長年染み付いた癖や性格はなかなか直りません。しかし、私たち人間は、魂向上のためにこの世（現界）に生まれてきたのです。そのため神様は、人間に対して自分のこれまでの生き方を振り返り、悪い癖や性格を直す努力を続けることを望んでおられます（これを「自己改革」と呼びます）。

ある意味、人間が再生・転生を繰り返す中で、幽界においてミソギをさせられる理由も、悪い癖や性格を直すためであると言えます。それは、多くの人間が生前の悪い癖や性格により罪を犯し、その罪を幽界で反省させられるからです。死後、幽界に落とされないためにも、生きている今、自己改革をすることが大切なのです。

（4）神様を信じ、すべてに感謝して生きること

第3章の最後にご説明したように、私たち人間は、壮大なしくみの中で神様によ

って生かされています。自分をいつも見守ってくださる神様の存在を信じ、すべての事柄に対して感謝の気持ちで生きることにより、神様は今後発生するさまざまな自然災害や感染症からあなたを守ってくださいます。

読者の皆さまの中には、自分のこれまでの人生を振り返ったとき、自分は心正しい人ではなかったと思われる方が多いかもしれません。今までの物質文明の世の中では、それは、ある意味、仕方のないことでしょう。物質文明では、目には見えない「心」がなおざりにされてきたからです。しかし、神様は人間が努力する姿を求めていらっしゃいます。今までのことを気にするよりも、これからの人生において心を浄化する努力を続けることが大切です。そして、自分も神様に守られて生き残り、新たな文明（心の文明）を担っていきたいと強く願い、ただ神様に祈ってください。そうすればきっと、あなたにも輝かしい未来が待っていることでしょう。

おわりに

本書において「この地球文明は幕を閉じる」ということを書き残しました。

さて、読者の皆さまはどのように感じられたでしょうか。ありえない話だと思われた方もいらっしゃるかもしれません。神様は、はるか昔にこの地球という美しい惑星を創り、自然の力を調整して絶妙なバランスを保ち、今まで人間が快適に住めるような状態に維持してこられました。

しかし、私たち人間は、ありとあらゆる資源を採掘して、地球をどん欲に食いつぶしてきたのです。神様は、石油やさまざまな鉱物はどれも、地球が太陽の周りを正常に軌道していくために必要なエネルギー源であったと言われています。しかし、人間はこれらの資源を使い果たそうとしています。今まさに、地球のバランスが崩れようとしているのです。

バランスが崩れかけた地球の内部では、マグマが活発な活動を続け、どんどんと地表近くに上昇してきています。地球上のあらゆる場所で、今、火山の噴火が起ころうとしているのです。今後、約四百年ぶりに噴火したスマトラ島北部のシナブン山のように「まさかこの山が……」と思われるような休火山も噴火していきます。これらの噴火により地下のマグマが少しずつ地表に放出され、なんとかまだバランスが保たれる……これが地球の現状なのです。

しかし、神様はおっしゃいます――もし現代の地球文明がこのまま存続し、人間が地球環境をこれまでのように破壊し続けていけば、いつかは耐え切れなくなり地球自体が爆発をしてしまう。そうなると、宇宙全体にも大きなダメージが及び、本当に取り返しのつかないことになると……。

だからこそ、その前に、現代の地球文明は神様によっていったん終了させられるのです。これは、まさにムー大陸が沈む直前のムー文明の状況とよく似ています。ムー時代にも、飛行機やミサイル、宇宙ロケットが存在していました。そして、文明が栄えていけばいくほど、人間は自分たちの力を過信していったのです。

歴史は繰り返す……なぜ人間はこのような事態を招いてしまったのでしょうか?

それは、人間はすべてにおいて『求める生き物』であるからです。求める心があるから進歩もするし発展もします。しかし、物やお金、豊かさを必要以上に求めることをやめ、今ある物に感謝する……そういった心が必要ではないでしょうか。私たちは、今一度、人間の原点に立ち返り、これまでの生き方を改めなければならないのです。

求めない――

すると
いまじゅうぶんに持っていることに気づく

求めない――
すると
いま持っているものが
いきいきとしてくる

求めない――
すると
それでも案外
生きてゆけると知る

求めない――

すると
ちょっとはずかしくなるよ
あんなクダラヌものを求めていたのか、と

求めない――
すると
体ばかりか心も
ゆったりしてくる

求めない――
すると
時はゆっくりと流れはじめる
（『求めない』加島 祥造（小学館））

日本人は、古来、神様を崇拝する信仰心が厚い民族です。

しかし、近年、特定の宗教団体による犯罪や金銭問題、しつこい勧誘などが社会問題化し、神様と聞いただけで拒絶反応を示す人が多くなっています。時代の背景をみれば仕方がないことですが、とても悲しい日本の現状を表しています。ですが、万物の創造主たる神様は、特定の宗教とは全く関係なく存在しています。これはまぎれもない事実です。そして、神様は、常に私たちを心から愛し、心配し、見守っていてくださるのです。ただ、現代の人間が勝手にその存在を忘れ、目を背けてしまっただけなのです。

今まで神様の存在を信じてきた方も信じてこなかった方も、本書をお読みになり、神様を身近に感じられたのではないでしょうか。そして本書の内容に興味を持たれた方は、全国各地で行われている講演会にご参加ください。講演会は、なんら勧誘を目的としたものではありません。ただ、文明最後の日を迎えるまでに、神様から教えられた事柄をできる限り多くの方にお伝えすることを意図しています。そのため、読者の皆さまも、周りの多くの方にぜひ本書や講演会をご紹介ください。

講演会では、神様から教えていただいた最新情報をリアルタイムでご紹介しています。講演会場において神様のメッセージを生でお聞きになれば、あなたの人生観が変わるものと確信しています。また、参加者からの質問も受け付けており、神様があるスピリチュアル・カウンセラーを通したチャネリングにより直接に答えてくださいます。神様が直接答えてくださるからこそ、人間では絶対に解決できない謎、不思議な出来事・怪奇現象の真相、難病・奇病の原因、今後の地球の行く末などが解き明かされていきます。

また、この講演会は『奇跡の講演会』と呼ばれています。それは、講演会に参加することにより、自分の生き方を見つめ直して、その後の人生が好転する、あるいは体調が良くなるといった奇跡が続出しているからなのです。読者の皆さまも、ぜひ講演会に足をお運びになり、自分の目と耳でお確かめください。

本書や講演会を通して、できる限り多くの方に神様の実在とこの宇宙に存在する壮大なしくみを知っていただき、これまでの生き方を改め、この文明最後の時を乗り越えていただければ、著者としてこれ以上の喜びはありません。

平成二十三年一月吉日

日像会代表　日像

追記〈重版にあたって〉

本書『初めて明かされるこの世の真実』は、二〇一一年二月の発刊以来、多くの皆さまにご愛読をいただきました。また、本書発刊に伴い講演会参加者が急激に増え、最近では講演会当日を待たずしてチケット完売、開場前には長蛇の列が出来るほどの盛況ぶりとなっています。これもひとえに読者の皆さまのご支援の賜物であると痛感しています。この場をお借りして、皆さまに厚く御礼申し上げます。

二〇一一年に入ってからも、鹿児島と宮崎の県境に位置する新燃岳の噴火、ニュージーランド地震、東日本大震災、タイの大洪水など大規模災害が続発しています。しかし、それ以前から私は、神様から教えられた地球の未来を、講演会等、さまざまな場でお伝えしてまいりました。その内容の中には、「九州の最南端から噴火が起きる」「まずは、東北の地から揺さぶる」など、今から考えると、まさに新燃岳の噴火や東日本大震災を示唆する事柄も含まれていました。お伝えしている私自身が恐ろしくなるほど、神様が言われたとおりに災害が発生しています。

今後、地球環境はますます悪化し、自然災害や感染症の発生が増加するものと思われます。どのような状況下であっても、多くの方が神様に守られることを願ってやみません。

平成二十三年十月吉日

〈著者プロフィール〉

日　像（にちじょう）

千葉県生まれ。

2004年に神様より啓示を受けて日像会を設立。

日像は、現在、スピリチュアル・カウンセラー日心（にっしん）を通したチャネリングにより神様と直接に対話をすることができる。そして、日像会会員の指導および全国各地での講演会活動に従事している。

会員の指導にあたっては、会員一人一人に対して生き方のアドバイスをしたり、悩みの相談にのったりするなどきめ細やかな指導をしている。

講演会に関しては、一般の方々を対象に「人間の死と生まれ変わり」「人間としての正しい生き方」「地球・人類の未来」「宇宙にある法則」など神様から教えられた事柄を伝えている。講演会では、時として予言的な内容も含む最新情報をリアルタイムで提供しているため、多くの人々が殺到している。

※名前の由来
日像は、約700年前の鎌倉時代、日蓮宗において日蓮上人・日朗上人と並び聖人として祀られている「日像上人」（1269－1342）の生まれ変わりであると言われている。日像上人は鎌倉時代に日蓮宗を世間に広め、大変な苦難の末に天皇に日蓮宗を公認させ、日蓮宗の基礎を築いた人物である。1293年、日蓮上人の遺命により京都での布教を決行。上洛して京都の民衆の帰依を得たが、比叡山（延暦寺）などの圧迫を受け、京都から３度追放された。そのたびに許され、1321年に京都に妙顕寺を建立した。

講演会への参加希望は、講演会の主催団体「ありがとうの会GIFU」にお問い合わせください。

http://www.ari-gato.org/

初めて明かされるこの世の真実

2011年 2 月 4 日　初版第 1 刷発行
2019年 9 月 5 日　初版第 6 刷発行

著　者　日 像
発行者　韮澤 潤一郎
発行所　株式会社 たま出版
〒160-0004 東京都新宿区四谷4－28－20
☎ 03-5369-3051（代表）
http://tamabook.com
振替　00130-5-94804

印刷所　株式会社エーヴィスシステムズ

ISBN978-4-8127-0317-5　C0011